不動産投資【実録ウラ話】

だから、失敗する!

失敗パターンとリカバリー研究

Real Estate Investment

小嶌大介
Daisuke Kojima

ぱる出版

まえがき

読者の皆さん、はじめまして。もしくは、すでに前作を読んでいただいている方もいるかもしれませんね。

僕は大阪で大家をしている、小嶌大介といいます。

社畜リーマンから不動産投資をはじめて8年目、所有物件は15棟120室です。家賃収入は満室想定で約6000万円ですが、まだ再生や客付が完了していない物件もあるので、実質には4500万円くらいでしょうか。借入は去年から比べて倍以上増えて約1億6000万円になりました。返済比率が35％～40％で、平均利回りはだいたい30％です。

ところで、最近になって収益不動産の相場が下がり出したと感じませんか？

ご存知の方も多いと思いますが、きっかけとして考えられるのは、かぼちゃ事件やスルガ銀行の不正などです。しかし、じつは昨年から銀行融資が徐々に締まってきており、今年になってさらにギュッと引き締められた印象があります。

「このタイミングを待っていました‼」という方、おめでとうございます！

それに引き換え、高値で買ってしまった人はご愁傷様です。相場が下がって一段と売却しにくく辛い状況になりますね。

こうした金融機関の動向など、僕は「ぶっちゃけ、どうでもいい」と思っていました。なぜなら僕は属性も低くお金もなかったので、いつも日本政策金融公庫かノンバンクといった低属性に優しい金融機関からでしかお金を借りられなかったからです。

そもそも僕が得意とするボロボロ物件の再生は、築古が多いので融資にはめっぽう苦労する投資手法です。というか、僕が融資が苦手なだけかも……。

しかし、ここにきて「サラリーマン投資家」であることより、事業性を重視するようになってきたようです。

ここ何年かで言うと、安定収入のあるサラリーマンが強かったのですが、事業として、しっかり運営実績を出している僕のような大家の方が強くなったということです。

僕がやっているのは、廃屋みたいなボロボロ物件の再生なのですが、カッコよく言うと「事業性の高い再生型の不動産投資」です。こうしたやり方を後押しをしてくれる傾向になってきています。

いよいよ、地味だった再生型不動産投資の時代がやってきました‼

とはいえ、市況も相場も自分で査定していくので何もないんですけどね。淡々と再生しては貸しては増やして、たまに売って……の繰り返しです。

みんながべっぴんさんを探している傍らで、うろうろと余り物だけ激安で再生していく地味な手法です。

しかし、奥は深いです！

そんな感じで僕はこれといった波もなく、これまで通り淡々と成功と失敗を繰り返しながら高利回り物件を作っています。それが僕の近況です。

さて、本題です。昨年出版した僕の渾身の書籍『50万円の元手を月収50万円に変える不動産投資法』（ぱる出版）で、僕の手法や僕自身に共感してくれた投資家と投資家の予備軍の皆さんが、全国から仲間として集まってくれました。

僕は50万円というしょぼい自己資金ではじめてますから、同じような貧乏な社畜リーマンが集まるのかな～と思っていたら、貧乏人だけじゃなくお金持ちまでやってきました。

投資手法もボロ再生からピカピカの新築まで、多種多様な人たちが僕のもとへ「一緒に団体戦をしたい！」と集まってくれたのです。

　僕は書籍を出すことで多くの出会いに恵まれ人生がさらに豊かになりました。事業も充実し魅力的な人脈や友達に恵まれました。

　そのたくさん集まってくれた仲間達は、うまくいっている人もいれば、まったくうまくいっていない人もいます。

　僕が思っていた以上に、失敗も成功も多種多様で、皆の汗水と血の通った失敗談や経験がたくさん集まりました。

　僕の仲間が体験したことは、明日の僕たちの成功の大きなヒントになり、この先達の失敗談こそが道標であり生の参考書だと思います。

　そして、この体験を読者の皆さんと共有したいと思います。

　前著もそうですが、僕の書籍は「読んで終わり」ではありません。

　ここから、どう動くかのヒントです。不動産投資初心者の方には今回の書籍は難しいかもしれません。再生から新築まで多

こじまのアバター

岐にわたる投資法の失敗事例が出てきます。

そして、もうひとつの特徴は全国がフィールドということです。多くの書籍は関東……それも首都圏の投資家さんの体験談が多く、その次に多く出ているのは関西だったりと都市部の話が多いですが、この書籍は全国の投資が紹介されています。

テーマが「失敗」ですから、つらく苦しい話も多いですが、失敗からのリカバリー例もたくさん紹介しています。

僕自身も皆の話を聞いて、たくさんの学びがありました！

そもそもをいえば、僕だってまだ途上中です。多くの学びを得て、そして皆で勝ち上がっていきたい、そのための手助けとなる書籍になるよう心掛けました。

ちょっと難しい内容もあるかもしれません。そこは一緒に学びながらのスタンスで読んでいただければと思っています。どうぞ、この先を読み進めてください！

だから、失敗する！

不動産投資
【実録ウラ話】

～失敗パターンとリカバリー研究～

もくじ

第1章 世の中は失敗で溢れている

第2章

「シェアハウス」での失敗パターンと実例

第3章

「戸建て」での失敗パターンと実例

第4章 「アパート」での失敗パターンと実例

第5章

「マンション」での失敗パターンと実例

第6章

あなたが不動産投資で失敗しないために

カバーデザイン▼EBranch 冨澤 崇
イラスト▼小嶌大介
本文デザイン▼Bird's Eye

第1章

世の中は失敗で溢れている

「失敗の定義」を考察する

何かしらの不動産投資の本を読んで、この世界に興味を持った方へ。

あなたがバイブルだと思っているその本は、たまたま上手くいったに過ぎない一部を切り取って、サクセスストーリーに仕立て上げただけなのかもしれません。

また、あなたが敬愛する投資家は本当に成功しているのでしょうか。借金で膨れあがっただけ。成功者の仮面をかぶっているだけのハリボテかもしれません。


「何を言ってるんだ！　小嶌だって成功者じゃないか」


そう思ってくれる方もいるのかもしれませんが、僕は成功だけをしているわけではなく、たくさんの失敗を重ねています。

一口に失敗といっても、じつに様々な失敗があります。小さな失敗から取り返しのつかない失敗までいろいろあるのです。

本書は失敗をテーマにしていますが、本題に入る前に、まず「失敗の定義」をどうするか決めたいと思います。

たとえば収支がプラスでなくマイナスになったら失敗なのか。それともローンが支払えなくなって、破産するしか道がなくなったときが失敗なのか。

そこまで深く失敗について掘り下げたことはなかったのですが、僕なりに考えました。

失敗の定義は、「心が折れたとき」とします。

なぜなら強制退場までいかなくても、気持ちがついてこれなくなったら続けられません。

つまり、大家業を退くことを指します。

金銭的な部分だけにフォーカスするのではなく、心の部分も大切だと考えます。だから、心が折れたら失敗なのです。それが僕の失敗の定義です。

あきらめたら、そこで試合終了

心が折れたときを失敗と定義づけましたが、それでも失敗には2種類あると考えています。そのひとつは、道半ばで1回転んだり、立ち止まったり、後ろに退いたりする状態です。そのときは、心折れて泣きべそかいても、それでも、その道を行くことはあきらめていません。

もうひとつは、やめてしまうことです。『スラムダンク』の安西先生の名言にもありますが、「あきらめたら、そこで試合終了」です。

野球でいう2回の裏や3回の表に大量失点した状態。あるいはボクシングでダウンをとられた状態でしょうか。

そこで心が折れてもまた立ち上がることができたらいいのです。しかし、試合放棄をしてしまえば、それは退場となり終了です。

大きな失敗か、小さな失敗かでいくと、僕は小さな失敗を繰り返すようにしています。そして大きな勝負には出ません。

そもそも僕はいわゆる「いい物件」を買っていないのです。

ただ利回りが高いだけで、他の部分はダメな「あかん物件」ばっかりです。ただ、それを頑張って回していますし、売却して利益も出します。

なぜ、そんな投資をしているのか。それは僕のテーマは「最速ではなく、しぶとく生き残る」だからです。これはダーウィンの進化論的な話ですね。

僕自身の失敗談を話しておくと、大家業と介護事業を合体させようとして大失敗していますし、皆が民泊で大儲けしているタイミングで民泊に参入した結果、まったくうまくいかず、すぐに撤退しています。

でも、そのようなトライ&エラーを繰り返すことにより、「残る道」というのも見えてくるのです。僕にとってのそれはシェアハウスでした。

もちろん、道をつくる過程で失敗はゴロゴロとあるものです。しかし、そこであきらめずにやっているから今があるのです。

こういった自分の方向性が見えてくるまでは、必ず失敗がは付きものです。そこでどれだけの傷を負うのか。傷つけられた深さもありますが、自分の心の問題もあります。いくら傷が浅くても心が強くなければ、結果としてあきらめてしまうこともあります。

なぜ失敗するのか3つの原因

続いて、どうして失敗をしてしまうのか考えてみます。僕は理由が3つあると思っています。

1つ目は無知です。知識がない状態にあります。

2つ目が、「ほしいほしい病」に罹《かか》ってしまったこと。とにかく物件が欲しくてたまらない。その結果、目が曇ってしまうのです。

そして3つ目が外的要因を認識できていないこと。大家さん自ら手が出せない部分、例として賃貸ニーズや家賃相場などが変わってしまうのが外的要因です。

自分の物件だけを見ていて、その周りのエリアに、同じような物件が林立していることに気がついていない。たとえわかっていても、それが自分の物件にどのような影響を与えるのか想像力が及ばない……そんな事例があります。

それでは、もっと詳しく掘り下げてみましょう。

①無知

1番目の原因である無知について解説します。

無知な人は、たいがい人任せでもあります。自分から動かない。ラクをしようとする。その結果、自分の中に経験値が貯まらないので、いつまで経っても無知のままなのです。

さらに輪をかけてタチが悪いのは、前向きな性格の無知です。

後ろ向きな性格の人で無知の場合、「不動産投資って、なんだかよくわからないけれど、怖そうだからやめておこう」となるので被害は出ません。

しかし、前向きな性格の無知は「不動産投資？　なんだかよく知らないけれど儲かりそうだし、自己資金がなくてもできるみたいだ。とりあえずやってみよう！」となるので、傷を広げる結果になります。

例をあげれば、ハイレバレッジ投資で失敗している人は、スルガ銀行からお金が借りられる身分です。

年収も最低700万円以上はもらっている人ばかりでしょう。僕からすれば全員エリートです。僕よりずっと成績が良くて、計算も上手にできるはずです。

では、なぜそんなエリートがしくじっているのでしょうか？

それは無知なうえに「本質」を押さえていないからです。一歩引いて自分や、自分の周りを見ることができない人たちなのです。

とりわけ本職で気を張り過ぎているお医者さんのようなタイプに多いのですが、不動産投資を〝資産運用〟と説明され、それを信じてこの世界に入ってくるのです。

「キャッシュフローは出ないけれど、積立貯金のつもりでやりましょう！」という酔狂な話にうっかり乗ってしまうわけです。

最初に「誰からこの世界を紹介されるのか」は思いのほか重要で、しかも運が絡んできます。たまたま訪れた業者セミナーでとんでもない物件を買わされてしまっている人は多いです。買うべきでない物件を無知な投資家が無自覚に買う……これは典型的な失敗パターンです。

②ほしいほしい病

ヘンな物件買ってしまっている人は、大体この病気の患者です。この病気に罹ると、ひたすら「買うこと」に重きを置いてしまいます。

本来は自分の夢を叶えるため、目標のために不動産投資をはじめたはずなのに、そのゴールから外れて、「とにかく物件がほしい！」と、目的から外れていってしまうのです。
積算評価（土地と建物の価値から算出した評価）が出るから、利回りが高いから、銀行がお金を貸してくれるから……と、理由は様々ですが、「買えるから買う」という人が多いようです。

しかし、大事な点をいえば、「その物件は本当に回るのか？」「ちゃんと儲けがでるのか」です。そのような人が最初から数億円クラスの大きな物件を買ってしまうと、一撃でアウトになる可能性があります。

そのほかには、大きな物件に限らずとも失敗をする人はいます。

現に、ボロ戸建てを買ってＤＩＹで直してみようと思っていた人が途中で投げ出して、床が半分だけしか貼っていない売り物件などもあります。

大きく分けると「銀行が貸してくれるから」と収益性が少なく、借換えも難しいような地雷物件をつかまされてしまう。もしくは「高利回りだから」と実際には客付けに苦戦するようなエア高収益物件をつかまされてしまうのです。

これは想定利回りが高く出ていたので買ってはみたけれど、実際には「入居者がまったく決まらない！」と困るはめになります。

これなど僕の周りでもよく起こる失敗です。

賃貸需要がないエリアで物件を買ってしまうと、どんなに広告料を積もうがどうにもなりません。「バッターボックスには立てないけれど、ヒットは打ってこい！」と命令されるようなものです。

くわえて先述したように「高収益だから」と買ってみたものの、思うようにリフォーム費用を抑えられなかった。手持ちの資金では足りなかった。ＤＩＹするつもりがやりきれなかったといったような理由で、「もうできない」とあきらめてしまうこともあります。

繰り返しになりますが、ほしいほしい病は目を曇らせます。本当にこの物件でいいのか、しっかり検証する必要があります。

③外的要因

たとえば、大学や大企業の工場のニーズに当て込んで賃貸物件が大量に建っている地域が日本全国にあります。

そこに当たり前のようにある大学や工場が永遠にあるとは限らないのです。大学の移転や工場の閉鎖というのは決して珍しくありません。

企業城下町から、その企業が撤収した後は、本当に悲惨です。大量の空室だらけのアパート・マンションが残されるのです。

大学があるから、大企業の工場があるから、と物件を選ぶのではなく、万が一、その大学や工場が撤退してもニーズがあるのかということも考えてください。


こうした目に見えるわかりやすいニーズの変化のほかには、物件を所有している何年かの間に周辺の地主が相続対策のために山ほど新築アパートを建てて、気が付くとまわりが空室だらけ。家賃相場もだだ下がり……なんてこともありがちです。

空室が出てもなかなか埋まらない。家賃を下げても埋まらない。そんなときは賃貸物件が供給過剰になっている場合が多いです。

とくに、サブリースをしているような大手アパートメーカーが大量に新築しているエリアでは、横並びの家賃を一斉に下げてきます。数年ごとに3000円、5000円といった形で家賃をどんどん下げますから、賃料相場自体が下がってしまうのです。

これらのアパートオーナーは地主ですから、メーカーの言われるがまま、なす術がありません。そして、まわりの投資家の物件も引きずられるように家賃が下落してしまうのです。

こうした外的要因に対して、大家のできることは限られています。

たとえば学生街でまわりが狭小ワンルームの中、自分の物件は広々しているなど物件に競争力があればいいかもしれません。

そうでない場合は、家賃がどんどん下落して、ひどい場合は空室がずっと続くようになります。そうなってしまえば、いくら高利回りで買ったとしても、それは絵に描いた餅でしかないのです。

自分はいったい何ができるのか？

あとは「自分が何ができるのか」というのも大事です。

不動産投資にはたくさんの手法がありますから、それが定まっていなければブレることもあります。

そもそも僕はお金も属性も無いところからスタートしました。そして最初から「投資」ではなく「事業」として取り組んでいます。

お金や属性もない人間は、行動しなければ何も得るものはありません。行動力と情熱をたくさんかけてトライ＆エラーを楽しむことが大事です。

僕自身は新築物件のことはわからないけれど、ボロ物件だけはわかります。この部分に関しては「これ！」という強みがあります。

それが見つけられず気持ちがフラフラして、不動産投資の手法のみならず、少し前なら株やＦＸ、今だったら仮想通貨に手を出してしまうような人もいます。

不動産投資に集中しないからといって失敗するとは限りませんが、しっかり向き合わなければ成功はしないと思います。

僕はボロだけに取り組んできましたが、同じことを繰り返していけば、徐々に効率はアップしますし、小さな失敗を重ねることで、どうしたら失敗をしないのかも学べます。

決して早いことがいいわけでもありません。

とりあえず行動していけば経験値にもなるわけで、そうやって叩き

込まれたことが血となり肉となるのです。

どれが正解というのはないですし、投資手法によっては自己資金が必要だったり、属性が高くないとできない投資だったり、ボロ戸建てのように金額は安いけれど、それ以外は難題だらけ……というような物件もあります。

今、成功している投資家も最初からパーフェクトだったわけがありません。常に勝てる勝負に挑んでいるわけではないのです。経験を積んだり、資産が増えることでリスクも減っていきますが、それでも誰もが絶対に勝てる投資というのはないものです。

僕自身も今のようにボロ戸建てやテラスのことを知らないころから、とにかく買って、とにかく塗って、なんとか貸し出せるように仕上げたわけです。そうやって物件再生を自分のものにしていきました。

それを繰り返すことで、どこまで修繕すればいいのか、ボロ物件の客付はどのようにすればいいのか、だんだんわかるようになったのです。

1戸ずつ物件を増やしていって、ときには売却をしてキャッシュを厚くしていって、そうして今があるのです。

どんどんどんうまく回っていけば、負けなくなるわけで、そうしたらもっと大きい物件、難しい物件も取り扱えるようになるわけです。これを続けているうちに、いつしか金融機関からも実績を認められたりします。

結局のところ、早かろうが遅かろうが、とにかくコツコツ積み上げていけば、経験値も上がり、次は上手にできる確率が上がるわけです。どんな不器用だって慣れてくれば、やりやすくなるし成功率も上がっていくものです。

成功の方法というのはひとつではないので、ボロ物件を再生するだけが道でもありませんし、ドミナントが必ず良いとは限りません。

必ず言えるのは「道はあっても、どの道が正解とは決まっていない」ということです。市況やタイミングもありますから、先述したように「絶対に成功する！」という確証はないなかでやっていくしかありません。

道はたくさん伸びていて、まっすぐな道はもちろん、曲がりくねった道もあります。もしかして山あり谷ありの厳しい道なのかもしれません。

そして、僕のようにケモノ道をマイペースに進んでいる人がいる一方で、４車線道路をぶっ飛ばす人もいるでしょう。

このように、どの道をどのように進むのかは人によって違うのです。

とにかく僕は、自分の道を早く見つけられたらいいのではないかと思っています。そのためにはまず行動を起こすこと。また、そのやり方がスマートでなくても、全然かまわないということです。

不動産投資をはじめたいのに、どの道を目指すべきかわからなくて立ちすくんでいる人もたくさんいます。

道がいっぱいありすぎて、どの道も良いように思えることもあれば、どの道も険しく見えることがある。

それは正しい感覚ではありますが、やはり立ちすくんでいれば、どこにも進むことはないわけで、とにかく一歩ずつ進んでいくしかないのです。

数字にだけ固執するのはリスク

また、不動産投資には数字がつきものです。

利回りはもちろん、資産規模はどれくらいか、どんな条件で融資が引けたのか、返済比率やキャッシュフローなど、数え切れないくらい指標があるように思えます。

僕からすれば数字はとても苦手なのですが、目標を定めて達成することに意義を感じるようなタイプであれば、自分の定めた数字を達成するのがわかりやすいゲームみたいな感じで楽しめる人もいるかもしれません。

僕は同じやり方をしていないので、あくまで推測になりますが、そのようなタイプの人が多法人スキーム（複数法人スキーム・多数の法人をつくり金融機関に対して債務隠しを行う手法）やスルガスキーム（第5章で詳しく解説しています）など、手持ちの現金がほとんどないにもかかわらず、とんでもないハイレバレッジをかけるような投資を行っているのかとも思います。

こうした裏技的なスキームには賛否両論がありますが、僕は否定も肯定もしません。その多くは社会人として信用力が高い人たちが対象となっており、僕とはまったく違う人たちです。価値観や置かれた状況の違う人のことを横からとやかく言うつもりはありません。

その仕組みを理解して行っているのか（①無知）、とにかく規模を増やしていきたいというところに気持ちが向いてしまい物件を精査していない（②ほしほしい病）ということでなければ、大失敗にはならないと思います。

ただし、大きくレバレッジをかける分だけリスクは高く、あらがえない理由（③外的要因）でダメージを受ける可能性もあるというだけです。

真綿で首をシメられる大家

僕の目から見て、「もう、この人は復活できないだろうな」という大家さんは実在します。

たった今はなんとかなっていますが、根本的な原因は解決されておらず、何かのきっかけ……たとえば、同時に複数の退去者が出て家賃収入が減少する。または、緊急対応しなくてはいけない修繕がキャッシュアウトする。

このようなことが起これば、それまで積み上げてきたものなど一気に崩れ去ってしまいます。まさに砂上の楼閣なのです。

または、少しずつ損をしているような大家さんもいます。払えないことはない程度の赤字を毎月支払い続けていて、常に出血し続けています。

彼らはそこまで悲壮感はありません。真綿でじわじわと首を締められつつも、直視したくない現実から目をそらしている印象があります。

もしかして対処のしようはあるのかもしれません。でも、その人たちには現状を「何とかしよう」という気概すら残っていないのです。

今年のはじめに世間を賑わせた、シェアハウス「かぼちゃの馬車」オーナーのエリートサラリーマンたちも、もしかすると、そのような現状なのかもしれません。

失敗を避けずに受け止めよう

まさに「失敗は世の中に溢れている」のです。

僕は先述した通り、「失敗を避けよう」とは思いません。ここでいう失敗は心折れる失敗でなくて、リカバリーや撤退できる程度の失敗を指します。一度、心が折れてもまた強い気持ちが戻ってくればいいとも思っています。

むしろ失敗があってこその成功ですから、成功するために致命傷にならない小さな失敗をたくさん経験することが大きな糧になると考えます。

つまり「失敗を受け入れろ！」と言いたいです。

そうした場合、当然、強いメンタルが必要となります。失敗ごとに心が折れていたら、それこそ先に進めませんから。

たとえばですが、仮に腕が吹っ飛んで片腕になってしまっても、フック船長であれば、片腕にフックを着けて自分のキャラ・特徴としてしぶとく生き残るわけです。

「金や時間がなければ、できない」というのはすべて言い訳なので、アイデア出して創意工夫できるよう常に頭を使うしかないのです。

ダーウィンの進化論では様々な進化の形があります。生き残りレースでは、省エネ、長寿、子沢山、生命力、繁殖力……。とにかく環境の変化によって形を変えてきたものだけが生き残るのです。

恐竜やライオンや象ではなく、クマムシやネズミやゴキブリのように人間よりもはるかに強い生き物がいます。なんとクマムシは宇宙に浮かんでも氷点下でも灼熱でも耐えるらしいです。

一生懸命動いた結果、思ったような成果が出なかった時は自分で自分を責めず、自分にご褒美をたくさんあげてください。そして、また元気な自分を取り戻しましょう。

人間、なかなか死なないものです。その時点ではすごくダメージを受けたとしても、数年後には意外とその失敗を覚えていないものです。

環境によって生き延びた結果、独自の進化を遂げます。

日本は少子高齢化で今後、賃貸需要は伸び悩み、今でさえ空室がたくさん

余っているのに、今後はもっともっと余っていくといわれています。だからこそ、独自の進化が必要なのです。

心身のなんらかが欠落している人や、傷を負っている人が成功者であるケースは、それが起爆剤になった結果なのだと思います。そうやって、より過酷な環境に適していくのもまた、これからの不動産投資家・大家さんに求められているのだと感じています。

いずれにしても不動産投資を行うにあたり、成功だけでなく失敗も学ぶ必要があります。もちろん経験は大切ですが、あらゆる失敗を全て自分が経験するのはしんどいです。だからこそ、僕のまわりの実在する失敗を集めたこの本で、どんな失敗があるのか。失敗した時、その人はどんな判断をするのか。そのリアルを知ってもらいたいのです。

第2章

「シェアハウス」での失敗パターンと実例

2018年の春に巻き起こった「かぼちゃショック」とは？

2018年4月に倒産したスマートデイズ社の新築シェアハウス「かぼちゃの馬車」におけるトラブルを覚えているでしょうか。

このシェアハウスは、購入時に「30年間一括で借り上げて家賃保証する」という内容のサブリース契約を結んでいました。

サブリースというのは、サブリース会社（不動産会社）に建物を一括で借り上げてもらうことで、入居者がいようといまいと一定の家賃が保証される仕組みです。

サブリース会社は入居者に転貸するため、入居者に関係する管理もすべて任せることができます。

オーナーからすれば、家賃保証にくわえて、入退去に関する手続きや家賃の集金業務などもサブリース会社に任せられて、とても便利な仕組みですが、その分、支払われる家賃が相場に比べて2割程度安くなっているケースが多いのです。

それが、この「かぼちゃの馬車」の場合は、実際の賃料が5万円程度なのにサブリース賃料は7万円と、いわゆる逆ザヤ状態になっていたそうです。

高い家賃で募集しても入居がつかなくて、ほとんど空室にもかかわらず、オーナーにサブリース賃料を支払っていたケースも多々あり、経営はどんどん傾いていったと言われています。

そして、ある日突然サブリース賃料が「ローン返済分だけ」に値下げされました。その後、入金は全額ストップ。さらにはスマートデイズ社の倒産で、オーナーたちは借金返済に困窮している現状があります。

そもそも販売する過程において、関係会社が介在して多額の利ざやを抜いていたらしく販売価格が高すぎるうえに、家賃設定も高すぎるため、現実的に経営が成り立たなかったのがダメな理由です。

さらに問題となったのは、その融資姿勢です。

「かぼちゃの馬車」への融資は、スルガ銀行が行っていたのですが、実際にはない貯金をあるように見せかけたり、ひどい人は年収を改ざん、さらには売買契約書にまで手を入れて「無理やり貸していた」状況だといいます。

これは銀行というよりは販売会社が主導していたことですが、銀行員はこうした不正を認識していたにもかかわらず、融資を行っていたと言われています。

そうしたことが一気に噴出して、ネットニュースだけでなく、テレビのワイドショーやＮＨＫにまで取り上げられたりと、不動産投資のネガティブな側面が一気にさらけ出されたような印象を受けました。

狭くて人気がなくて、いつもガラガラ……

ここで前提として「かぼちゃの馬車」のスペックについて、お伝えしたいと思います。

このシェアハウスは新築で東京都内のそこそこ良い場所にあります。新築シェアハウスの条件である「寄宿舎」として建築されており、法的にもしっかりクリアしています。

さらに先述したように、「たとえ空室があっても家賃を払ってあげるよ」というようなサブリース契約を結んでいるのです。
投資家からすると良い立地にあり、新築で合法で家賃が毎月きちんと入ってくるシェアハウス。融資もちゃんとついています。だから、つい買ってしまったのですね。

でも、このシェアハウスはガラガラでした。

その理由はいくつかありますが、もっとも大きいのは「寄宿舎」の基準をクリアしつつ収益性を上げるために、居室と共用部をできる限り小さくして部屋数をとったことです。

それなのに家賃設定が高い……部屋は最低限の広さしかないのに、共有スペースも狭くて住みにくくて家賃が高ければ人気がないのも当然です。

僕のシェアハウスもそうですが、たとえ居室は狭くても、共有部のリビングを使えるなど快適に住めるような工夫があるわけです。

とくに東京にはたくさんのシェアハウスがあり、日本中でもっとも競合が多い場所ですから、よっぽど場所が良くない限り稼働率は信じられないくらい低かったようです。

僕自身は、人がどうかと思うような超ボロボロ物件を、再生してシェアハウスにして利

回り50％で運営しています。流動的ではありますが、入居の問合せが1カ月30件あり常に満員御礼に近い稼働をしています。

はっきりいって超稼げます。なにせ利回り50％ですから。しかも、自主管理でランニングコストもあまりかかりません。

だから「かぼちゃの馬車」のようなヤバいシェアハウスもあれば、しっかり稼働してお金を産み出すシェアハウスもあるということを知ってください。

「毒かぼちゃ」にヤラれてしまったエリートたち

じつは、僕の仲間にもかぼちゃハウスの被害者がいます。

かぼちゃオーナーといえば、そのほとんどがサラリーマンで、いわゆる「高属性」が多いと言われています。

初心者の方に説明しますと「属性」というのは、不動産投資で融資を受けるにあたって必ず必要になるところです。勤め先の会社の規模から年収、勤続年数、家族構成など、その人に「どれだけの社会的信用があるのか」、ようは「金を貸しても大丈夫なのか」を測る銀行の指標のひとつなのです。

つまり「高属性」というのは、大企業に勤めていたり、お医者さんであったり、簡単にいえば信頼に値するエリートということです。

そうはいっても、結局のところ勉強も良くできて会社で優秀な人が、不動産投資にくるとポンコツというのはありがちです。

僕の逆パターンですね。僕は勉強は大嫌いだったし、会社ではよくできない人間だったけれど、不動産投資ではできる人間でした（ある一部分においては）。

さて、運営会社が倒産した後、かぼちゃオーナーはどうなったのでしょうか。

裁判を起こす人、自己破産を検討する人、新しい管理会社を探す人、様々な動きをする中で、僕の仲間は自ら立ち上がって、あっという間に「かぼちゃハウス」を満室にしました。

彼がどんな風に失敗をして、そして立ち直っていったのか。それを紹介したいと思います。

事例1 1棟目に「かぼちゃハウス」を買ってしまった男

竹千代さん（仮名）

関東在住の竹千代さんは30代のサラリーマンです。彼は不動産投資の勉強をしっかりしていたにもかかわらず、「かぼちゃの馬車」を買ってしまいました。

「本は何十冊も読んで勉強していたのですが、大家の会にはいかず、気づけば割高な物件を紹介してくるような業者セミナーばかり参加していました。当時は勉強した気になっており行動力が足りなかったと反省します。仕事が忙しくて時間がかけられない。だったら属性をつかって借入しよう……そういう発想に至ってました」

と竹千代さんはいいます。

セミナーで知り合った業者から紹介される物件に、成功大家本で出てくるような夢のようなキャッシュフローがとれる物件はありません。

だんだん購入目線が下がっている中で「都内の1億円くらいの物件で手元に年間240万円残る投資がある」と紹介されました。

そう、それが新築シェアハウス「かぼちゃの馬車」です。

新築シェアハウスの利回りの高さ、30年一括借上げという条件に安心してしまい、買い進んでしまいました。これが2015年～2016年の話です。

「サブリース会社（スマートデイズ）が倒産したら、サブリースはどうなるのかが心配になり調べると、まずサブリース賃料は相場家賃より2万5000円高いことに気づきました。

さらに『サブリースは借り手優位で一方的に破棄ができる』と知りました。情けないですが買った後に知った衝撃の事実です。これはヤバいと思いました」

こうして、自分の購入した物件のリスクに気づいた竹千代さんは、昨年の春から売却に向けて動きはじめました。

多少損してもいいから売りたいと考えたものの、購入前には「次オーナーへの売却時にも30年間家賃変更無しの契約を引き継ぎます！」と大見得を切っていたサブリース会社は、私がいざ売却先を探していると話すと、同様の条件は引き継げないと言ってきたのです。

「仕事の合間をぬって頻繁にサブリース会社と協議を重

ねました。半年以上に及ぶ交渉の結果、なんとかプラマイゼロで売却できそうなサブリース契約を次オーナーにも適用してもらえそう……と一筋の光が見えたタイミングに、『サブリース賃料を減額します。ローン返済分しか支払えません』と通達がありました。これが昨年の10月末の話です」

と竹千代さん。1歩進んで2歩下がって、結局は水の泡……。

そして1月17日、『今後の方針説明会』として集められたオーナー達に「今月末から当面賃料は払えません」と家賃ゼロ円宣言があり、数カ月で倒産に至るわけです。

ここで、竹千代さんのかぼちゃハウスの概要をお伝えします。

●竹千代さんのかぼちゃハウス概要

東京23区某駅徒歩9分　木造寄宿舎　1億円
部屋数　10室
旧家賃（サブリース賃料）　月70万円
現家賃　月約50万円
共益費　月約5万円　ローン返済　月45万円（金利3・5％）利回り6％（実質満室でも利益は0）

家賃からローン、管理費を引くとだいたい月20万円くらい残っていたそうです。しかしサブリース会社が支払いを止めたことにより家賃0円となりました。

動き出さなければ毎月45万円が飛んでいくのです。普通のサラリーマンが払い続けられるような金額ではありません。

さっそく竹千代さんはサブリース契約を解除し、鍵を回収したそうです。

そして「もう自分の人生を人任せにしない!!」と胸に誓い、シェアハウスの自主管理を決意しました。

2018年3月から自主管理をスタート。すぐ入居者に連絡とってみたところ、4部屋入居のはずが、結局1部屋だけしか住んでいなかったようです。

随分ひどい話だと思いますが、人によっては満室と聞いていたのに全空というケースもあるそうで、多少はマシですが、ほぼ全空です。

そして、竹千代さんは、まったく客付の経験がない中で、それこそ寝るまもなく募集、案内、契約、すべて自分で行いました。

「いかにして問い合わせを発生させ、いかにして内覧まで来てもらい、いかにして契約まで取り付けるか。それをひたすら定量的に、しかも短期でPDCAサイクルをまわし続けました。それこそ寝ても覚めても夢の中でも、ひたすら満室にすることだけに注力して、全力でやり続けました」

と竹千代さんは振り返ります。その結果、なんと1カ月経たずに満室になったのです!!

これで家賃収入は50万円。光熱費をいれてもプラマイゼロまで挽回。税金を払うとマイナスになるようですが、とりあえず給料からの持ち出しはなくなりました。なんとか復活の兆しが見えてきたのです。

「春に一旦満室になりましたが、現状は2カ月後の退去が決まっています。かなり早めに連絡を貰っているので、なんとか埋められるように今から募集をしています。今は家賃平均が5万円ですが、経営改善のために6万円で募集したところ、2週間で問い合わせ1件と苦戦しています。もう2週間したら家賃を5000円下げて反応をみるつもりです」

なかなかラクラクとはいかないようですが、着々と大家力を上げています。ちなみに竹千代さんは、同じかぼちゃ仲間の客付のお手伝いをしています。

「同じようなスペックの物件でも動いてみると差が出ます。閑散期にもかかわらず、問い合わせが発生する数の多い物件と少ない物件に差があるのです。なぜ、この差が生じるのかを研究中です。これをクリアできれば閑散期でも問い合わせが得られることになると前向きに取り組んでます」

と言います。

竹千代さんに今後の投資目標を聞くと、シェアハウス市場は相場が下がることを見込んで、それを補填するためにボロ戸建の再生にも取り組んでいくそうです。

すでに埼玉県で購入した１００万円＋修繕費50万円の１５０万円の再生戸建ては利回り40％で稼働中。それ以外にも大阪府下で無料でもらった廃屋テラスを、修繕費１１０万円予定しており、賃料は最安値３万円で想定しても利回り30％程度を予想しています。ほかにも埼玉、千葉県で利回り30～40％想定のボロ戸建を目下再生中とのことです。

＊＊＊

あっという間に出血を止めて、次の道に邁進している竹千代さんですが、昨年の秋に会ったときからスイッチが入っていました。

ズバズバと痛いところを突いても、それを全て受け入れていくのです。

中でも一番すごいと感じたのは、かぼちゃハウスの先行きを読んでいたことで、破滅へのカウントダウンを本人がしていたことです。

知らない人たちは、皆一撃を受けて崩れていきましたが、竹千代さんの場合は逃げようともせずにぶつかっていきました。本当に強い人です。

しかし、空室をあっという間に埋めたのは、僕からすればスゴイことでも何でもなく当たり前だと思っています。

というのも、僕自身もシェアハウスを3棟運営（うち2棟は所有、1棟は転貸）していますが、自分自身で客付して管理するというのは、はじめからずっとやっていることだからです。それを誰かに丸投げするという発想はありませんでした。

いずれにしても、竹千代さんは買ってはいけない物件を買ってしまった人です。

投資は自己責任といえども、「かぼちゃの馬車」のように早々に破綻してしまうのは、レアケースといえます。購入時点で相場よりも高く、その運営方法もどう考えてもおかしいのですから、儲かる方が不思議な投資です。

これがもし物件を安く買えているのであれば、かぼちゃの馬車のようなスペックの物件であっても、やっていけると思います。つまり、かぼちゃの馬車のシステムに問題があり、シェアハウスという投資とは関係がないのです。

では、どんな物件であれば儲かるのでしょうか？

次からは、儲かるシェアハウスを運営している実例を紹介します。

事例2 学生街で、学生以外をターゲットにシェアハウス成功例

原田あけみさん（仮名）

兵庫県在住の原田さんはすでにお子さんが手を離れた女性で、今は看護師のパートをしています。不動産投資をはじめた動機を聞けば、過去に病気で寝たきりになった経験があり、そのときに看護師が続けられるか不安になったそうです。

「仕事ができなくなり、どうやって生きていくか考えたときに不労所得が欲しいと思ったのです。また目標として、母子で利用できるシェルターをつくりたかったのです。DVや虐待にあっているお母さんや子供のための事業です」

と原田さんは言います。なんでも原田さんの趣味は料理で、24時間、眠ることができてごはんを食べられる場所を提供したいという話です。

そのための手段として、不動産投資があるのですが、親戚が不動産の仕事をしているのを見てきたので身近に感じていたそうです。とはいえ、物件情報は親戚からではなく、自分の足を使って探している、いわば正統派です。

現在、関西を中心に戸建てとテラスを5戸所有しています。すべて現金購入です。去年の初めから物件を探して購入したのは去年の12月。その物件でシェアハウスをはじめています。

「物件情報を知ったときはすでに買付が入っているという話でした。自分で電話をしてみたところ、買付は入っていましたが、５８０万円からスタートして３８０万円まで下がっており、『高い買付を入れた人に売ろうと思っている』とのことで、これなら私にもチャンスがあると思い見に行って、３６０万円で購入できました。これは相場よりも明らかに低い価格です。大阪の閑静な住宅街にあり、ターミナル駅まで12分という都心へのアクセスも良好なエリアで、なにより近所に大学があり、学生からの需要に期待できました」

と原田さんは言います。築36年の木造で土地が65平米、建物が63平米で間取りが振り分け型の３ＤＫです。購入時の印象は家庭内で繰り広げられた暴力の残骸がある部屋だったそうです。

「室内を見たところ、『これなら直せるな！』と思いました。キッチンと1室がつながっていたので切り分けました。またトイレも直しました。リフォーム費用は50万円くらいでかなり安くあがりました」

こうして昨年12月に購入して、募集は3月の初めからスタート、2週間で満室になりました。客付は先輩のシェアハウスオーナーに相談しながら、ポータルサイトに掲載したようです。

●原田さんのシェアハウス概要

関西某駅徒歩9分　木造　360万円＋リフォーム50万円

部屋数　3室

家賃　月約3・7万円＋3・5万円＋3万円　共益費　月約1・4万円　利回り約30％

各部屋にベッドと机、椅子とハンガーラックを設置。ラックとは別に室内物干しを備えています。お金はかけていませんが、学生向けということで、しっかりとした机を置いて、勉強できるようにしてあります。

運営は自主管理で入居者が3人ということで連絡は密にとっているそうです。

「ハウスに顔を出したときは手土産と手紙を置いていきます。また、いつも良くしてくれる女の子がいて、いっしょに食事をすることもあります」

と原田さん。何もかも順調に見えますが失敗もあったそうです。それは募集サイトに掲載する際に「最寄り駅」を、本当に一番近い駅名で出したところ、2週間が経っても問い合わせがなかったのです。その駅はマイナーで利用する人が極めて少なかったからです。

また大学から徒歩5分の物件で「学生向け」というコンセプトにもかかわらず、学生さんが入ってくれなかったと言います。

「やはり大学は生協が強くて、パイプがなければ入りません。自主管理の限界を思い知りました。しかし募集をする際、最寄りではないけれど、知名度の高い駅から徒歩12分で募集したところ、たくさんの問い合わせが来ました。やはり駅名は大事だと痛感していま す。最寄り駅であればいいわけではないのです。

また面接の工夫でいえば、お茶とお菓子を出すと100発100中です。くわえて女性オーナーであることも強みになりました。女の子2人は私を気に入って安心して入ってくれました」

今は大阪市内に新しいシェアハウスをつくっているところで、間もなくオープンの予定です。今後も増やせるだけ増やしたいという意向です。

「そして、3年後には母子シェルターをつくりたいです。そのタイミングで看護婦を辞めて、そちらに全力を注げるくらいの収入を得ていたいです。もともと私は『やりたい！』と決めたら行動するタイプです。病気ではありますが、まだ3年は体が動きますから、今は一生懸命に目標に向かって歩んでいます」

とのことでした。ヤルと決めたら性別も年齢も関係ありません。原田さんはきっと目標を叶えることでしょう。

＊＊＊

原田さんはシェアハウスでしっかり利益を出していますが、僕とはやり方が違います。女性が運営するシェアハウスだけあって、きめ細かい配慮があります。

部屋のいたるところに愛情と気持ちがこもっています。それは話を聞いていても伝わってきました。洗濯物の干し方、共有スペースの使い方、円滑に暮らしていけるような仕組みづくりが上手です。

僕はといえば、自分ではせずに班長にやってもらっていますが、運営方法についていいえば正解はありません。ですから、自分にあった運営方法でやってみて、それで受け入れられたら、それが正解なのです。

シェアハウスの最後の事例はサブリースのシェアハウスです。

サブリースというと「かぼちゃハウス」を思わせますが、自分がオーナーになるのではなくて、オーナーから借ります。簡単にいうとシェアハウス向きの戸建てを借りて、それをシェアハウスとして貸し出すのです。

最近の住宅はリビングが広々としていますが、昭和の時代の戸建てなどは部屋数が多くて各部屋に押入れが付いていることも多いです。つまり、細かい間取りがシェアハウス向きなのです。

不動産投資をするにあたって自己資金が少ない人、また、竹千代さんのようにほかの物件の財務状況が悪い人にオススメの投資法です。サブリースのシェアハウスを行うことで現金を増やせます。

事例3
住み込みの転貸シェアハウスで利回り200%超
涼宮ハルオさん（仮名）

ハルオくんもまた関西でシェアハウスをはじめています。彼の経歴は変わっていて、高学歴で研究所勤めをしていたところ、昨年すべてを捨てて大阪へ引っ越してきました。まだ若い彼は「20代最後の挑戦」をしたのです。

また、前提としてハルオくんは、すでに不動産投資経験者です。20代半ばから不動産投資をスタートさせて、すでに月々のＣＦは50万円を超えています。

そんな彼のシェアハウス1棟目は関西にあります。私鉄、ＪＲ、地下鉄まで乗り入れる交通至便な駅から徒歩5分という好立地です。ポイントはハルオくんは転貸でシェアハウスをしているということです。

「5部屋ある借家を6万5０００円で借りて、自分で住みながらシェアハウスとして運営しています。この家は5部屋とも独立した形になっているため、エアコンを設置、あとはハンガーラックと収納、それにカーテンを取り付けて、机と冷蔵庫、家具を揃えたくらいでシェアハウスがオープンできました。各部屋の写真を撮って、小嶌さんから教えていただいた募集サイトに載せました。繁忙期ということもありトントンと1カ月ほどで埋まって満室稼働しています」

とハルオくん。ちなみに家賃を自分が住んでいるところまで含めて計算すると月20万円くらいの売上があるようです。

●ハルオハウス①支出

初期費用：約60万円（入居費用、エアコン、家具）
家賃：6・5万円　光熱費：2万円　水道：0・5万円
ネット：0・5万円　消耗品0・5万円

●ハルオハウス①売上（自分入れた場合）
家賃：3・2万円×2＋3万円×2＋2・5万円×1＝14・9万円
共益費：1万円×5　＝5万円　計約19万9000円

支出をすべてを足すと10万円程度ですから、利益は10万円に近くなるわけです。さらに初期費用を利益で割れば、変動はあるかもしれませんが利回り２００％以上です。

内装はいじらず賃貸住宅をそのまま使うだけのため、コストはかかっておらず、万が一、物件に修繕が必要になっても、それはオーナーが対応してくれます。入居者の客付から運営は、僕と同じように自分でしています。

「いろいろなことを試行錯誤しています。最近、飲み会をやってみたら、シェアハウス内の雰囲気がよくなりました。入居者それぞれの長所と短所を知ることができていいですね。この物件、夜は隣りのカラオケスナックですごくうるさくて、特に週末は張り切って歌っています。そんな住環境もあって、気にならない人を入居させていたからか、全体的におおらかな人が多くてトラブルはありません」

とハルオくんは言います。たしかに、おおらかな人を選んで入居させるのが大事です。

1棟目を成功させた後、次に2棟目にチャレンジします。同じく関西にありますが、こちらは私鉄駅徒歩10分です。ターミナル駅まで10分程度で出られるのが強みです。

2棟目は4部屋ある戸建てを6万円で借りました。

家賃設定は駅から遠い分、1棟目より低くしているため、満室想定で16万円弱、手残りが約8万円です。

●ハルオハウス②支出

初期費用：約30万円（入居費用、エアコン、家具）

家賃：6万円　光熱費：1万円　水道：0・5万円　ネット：0・5万円　消耗品：0・5万円

●ハルオハウス②売上

家賃：2・9万円×1＋2・8万円×1＋2・7万円×1＝8・4万円

共益費：1万円×3　＝3万円

なお2棟目の物件の初期費用が安かった理由として、エアコンの新規回路増設工事がなかったこと（各部屋にエアコンがつけられる状態であった）。敷金・礼金ゼロゼロ、民泊撤退により備品を安く仕入れられたという3点があります。

現在、満室まであと1室というところまで来ています。閑散期のため、今は家賃低めですが、繁忙期に近づいたら家賃を上げて調整するつもりだそうです。この物件、いってみれば4世帯のアパートを、所有せずに運営しているようなものです。ノーリスクでアパート経営できるのは本当に魅力だと思います。

＊＊＊

シェアハウスたちは僕の決算書の中でキラキラと輝かしい数字を解き放つミラクルキャッシュマシーンです。

シェアハウスは一見手間がかかりそうに見えますが、自分で入居者を選んでルールを作るので好きなような運営ができます。契約形態なども自分で好きなようにできます。

サブリースのシェアハウスでは、物件を所有しませんから、より事業のように取り組む必要があります。コツはリフォームなど手を入れなくてシェアハウスとして使える戸建てを探すこと。オーナーの許可を得ること。そこからはじめましょう。

シェアハウスはニーズと仕組みが肝！

ちなみにシェアハウスは地域のニーズも大切です。

大阪ではまだまだ強いニーズを感じていますが、先述した通り、東京はかぼちゃハウスの放出もあり、過当競争だと聞いています。利便性の良さにくわえて、周辺のライバル物件などしっかりリサーチする必要はあります。

今後は色々なカタチのシェアハウスが出てくるでしょう。僕はいつかゲイやレズ専門や特殊な需要に向けたエッジの効いたシェアハウスを作ろうと考えています。

そして、クレームを出さないように円滑に仕組み化をしていくのがシェアハウスの回し方です。それも極力、大家が表に出ないようにするのがいい仕組みです。

いろんなことで出しゃばる、参加するのはあまりよくありません。

シェアハウスは共同生活ですから、自分の思い通りにするというのは難しく、アリを虫カゴの中に入れて巣をつくるのを観察するように、入居者の様子も見てあげることが大切です。

自分が「こうなれ！　ああなれ！」と形をつくっていくのは無理で、シムシティなど育成ゲームのように、とにかく時間をかけて待ってあげればコミュニティが熟成されていきます。

そして、コミュニティではその構成メンバーが重要です。

僕のケースでは入居者に役割を与え、ムードメーカーには家賃を安くしてあげています。もしくは班長など、清掃を采配したり備品係をしてくれる子にも家賃を安くしています。班長＝ムードメーカーというわけではありませんし、随時、人が入れ替りますから、その采配が難しいわけです。

普通賃貸のように客付の仲介業者を通じて入居募集しなくてもいいので、新たな入居者を確保できるのが最大の特徴です。もし、あなたが入居希望者の面談をするなら、人脈も視野も広がると思います。

不動産投資という言い方をすると、ここ最近のような印象ですが、そもそも大家業というのは古くからある商売です。

地域ごとの慣習などもありますが、シェアハウス自体は新しい形の賃貸なので、そこまで型にはまっていません。だから、オーナーが自由に運営できる余地があるように感じています。そこにチャンスが眠っているのです。

こんな偉そうなことを書いてしまっていますが、僕のシェアハウスは廃屋を再生しているものなので本当にボロいです。春になるとシロアリが羽アリになって、おぞましい数が飛び立っていきます。

ネズミも出ますし、ネズミを狙ったイタチも出ます（もちろん、放置しているわけではありません。必死で駆除しています）。そんな食物連鎖が繰り広げられている物件ではありますが、しっかり再生して客付して管理すれば、儲かるシェアハウスとなるのです。

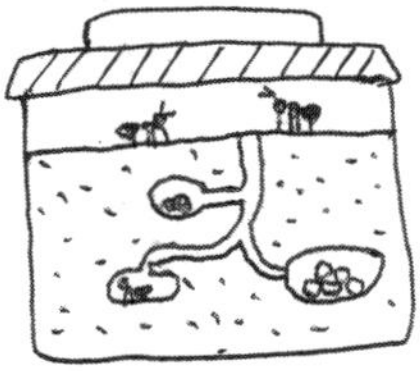

第3章

「戸建て」での失敗パターンと実例

戸建ての失敗は、致命傷にはならない

第3章のテーマは「戸建ての失敗」です。ここでは「戸建て」とひとくくりにしていますが、関西に多いテラスハウス（連棟式住宅）も含めて「戸建て」と呼んでいます。

僕の前著『50万円の元手を月収50万円に変える不動産投資法』（ぱる出版）で詳しく手法を解説していますが、１００万円に満たないような安い物件をキャッシュで購入する。もしくは身内に土下座して借りて購入する。不動産投資といっても、かなり敷居の低い投資手法です。

ある程度の貯金さえできれば、誰でも取り組めるのですが、じつは失敗者も増えています。僕が考える戸建て失敗は、次の３つです。

①リフォームのやり方がわからない
②リフォームにお金をかけすぎた
③客付ができない（安く買っても入居者が決まらない）

1番目は安く買えたものの、どう修繕していいかわからないケースです。

安く売っている戸建ては、大抵ボロボロです。雨漏りやシロアリ、傾いていたり、柱が溶けていたり、様々な難点があります。それをどう直していいかわからない。そこでストップしてしまう失敗です。

2番目は、どこまでリフォームしていいのか加減がわからず、思った以上にコストがかかってしまったケースです。リフォームをどこまでするのかは、物件の状態にもよりますし、その地域のニーズもあります。

最低限の家賃で貸すのであれば、最低限を満たすリフォームで止めておくべきです。リフォーム業者に相談すると、基本的に必要以上のリフォームを行うようにアドバイスをされます。

「どこまで直すべきか」「いくらまでお金をかけるべきか」の判断はとても大切で、くれぐれも業者のいいなりになることはやめましょう。

3番目についていえば、賃貸物件が供給過剰でどうしても客付ができないエリアというものが存在します。もしくは、その地域で満たすべき条件を満たしていないと客付ができない……ということもあります（例として、地方で駐車場がないなど）。

賃貸物件としては致命的ではありますが、共同担保として所有して、ほかの物件を購入するときに使うという手もありますから、そこまで悲観することはありません。

事例4 スカイビュー戸建てを15万円で買って失敗

奥山シコ太郎さん（仮名）

奥山さんは愛知県に住む31歳のサラリーマンです。

仕事は安定的ですが時間に余裕のない毎日を送っています。密かに会社を辞めたいと思っており、それは家族に言っていません。

「平日朝起きて仕事に行って、帰ってくると夜22時頃です。週末は家族サービスを求められますから、自分の時間がつくれません。ものすごい激務ではないのですが、家族と仕事でいっぱいいっぱいなのです」

とのことです。不動産投資をしようと思ったのは昨年10月で、僕のセミナーがきっかけとなって行動を起こしました。

「それまで、なんとなく本を読んで勉強していました。じつは、親は不動産屋を経営

しており恵まれた立場なのですが、親には『遅いよ。2年前ならよい物件があったのに……』と言われました」

そんな感じで、なんとなく活動していたところ、友人のサラリーマン投資家から「面白い物件あるから見に行かない？」との誘いに乗って見に行ったのが、このスカイビューの15万円戸建てだそうです。

スカイビュー物件とは天井が崩れて、空が見える物件を指します。一般的にはなかなか巡り合えませんが、100万円以下の物件となると、スカイ率が高くなります。

「価格欄には200万円と書いてありました。物件はザ・古民家といった感じ、中に入ると昔にタイムスリップしたような間取りで、これはこれで面白いと思いました。課題は屋根と水回りです。その時、仲介の担当者から、売主さんは1秒でも早く手放したい、マイナスにさえならなければいくらでも売るという話になり、そこで残置物撤去不要、確定測量不要の条件で10万円で買付を入れたところ、5万円戻されましたが、15万円で契約成立となりました」

と奥山さん。補足として、契約日の前日に仲介から連絡があり、「役所で確認したところ、下水が入っていません。汲み取りです」と言われたそうです。その時点では、なんとかもがいて上手いこと修繕してやるという気持ちで契約を進めたそうです。

●奥山さんの物件概要

愛知県T市　T駅徒歩18分　築83年木造戸建て　15万円　駐車場なし（近隣あり）

土地72・72平米　建物１０８・75平米（建ぺい容積率オーバー）

おまけ：告知事項あり（風呂にて孤独死）。セットバックで再建築は可能。

「購入したものの、結局何にもしていません。小嶌さんに教えてもらったアデランス工法（既存の瓦屋根に波板を造作して貼るインチキ工法）で修繕したいのですが、自分で業者に指示できません。見積もりをお願いした業者からは２００万円かかると言われ、別の業者さんを探しているうちに5カ月放置してしまいました」

僕に言わせてもらえば、お昼休みに電話で手配をするだけのこと。僕は今日も屋根の手配をしていました。

せっかく15万円で手に入れたスカイビュー物件も、気持ちがなかったら無理です。お宝物件をお宝にできる人がいれば、ゴミのまま持つことしかできない人もいるのですからもったいない話です。

「これじゃいけないと先月残置物の片付けにいきました。室内になぜか壺がたくさんあったので、『ジモティー』で売ってみたところ、10個以上あった壺が2000円で売れました。中には1メートルくらいある壺もあったのですが、買ってくれた人は壺で金魚を飼うという話でした。とりあえず、これから残置物を片付けていって、そのノウハウをシェアしていきながら頑張っていきたいです」

奥山さんは、それこそ僕の本を読んで、スカイ物件を15万円で買ってきて、なんとか頑張ろうとしたのです。

しかし、現実はうまく安く修繕する方法を見つけられなくて、やる気をなくしてしまいました。ようやく少しずつ動き出してはいるようですが、まだまだ先は長そうです。

＊＊＊

この失敗事例は①のパターンです。

①のままリフォームを進めると②の失敗になる可能性もあります。いずれにしても、今は止まっている状態からゆっくり動き出したというところでしょうか。

このような移り気なサラリーマン投資家というのは結構いるものです。結局のところ、現状に満足しているから、行動を起こせないパターンのようにも思えます。

どういうことかといえば、現実がそうイヤではないから、余裕がある人だからこそ、がんばる気持ちが沸かないのです。それはある意味幸せな生活を送っている証拠なので、そこまで悲観する必要はないでしょう。

そう考えると15万円で買った物件は、何も手を加えないのが彼にとっては正解かもしれません。共同担保用に持っているか、もしくは倉庫にしてブルーシートでも敷いておけばいいのではないでしょうか。

もしくは手放したいのであれば、現状で屋根を直すための見積もりがあるのですから、見積もりをセットにして50万円程度で売るのが現実的だと思います。

続いての事例も、①②のリフォームに関係する失敗です。

事例5
見積もりを叩きすぎて、業者が激怒！
速水瞬さん（仮名）

大阪在住の速水さんは35歳、広告系のサラリーマンです。ちょっと前まで激務に追われる日々だったそうです。

「それこそ午前9時半に出社して、終電で帰宅なんて当たり前で、〆切前ともなれば始発で帰る日々でした。それが、今では働き方が改革されまくったおかげで午後8時には帰れるようになりました。ありがたいことです」

と言います。僕も広告畑でしたが、そんな風に時代は変わったのですね！

不動産投資は2017年6月から勉強をはじめています。

マイホームの購入時にローンの勉強をしたのがきっかけで、金利0・1％に執着するよりも、投資したほうがいいと思ったそうです。

「それまで、株や投資信託はやっていましたが、不動産投資をやろうなど考えたこともありませんでした。株式投資はあまり自分が関与する余地がありません。じつは過去に株で大失敗をして、1200万円を600万円に溶かしたことがあります。流石にそのときは死ぬかと身震いしました。それに比べて不動産は、自分が努力することにより、成績を伸ばせる余地があるのが魅力的に感じました」

と速水さんは言います。最初の物件を買ったのは去年の12月です。その後は立て続けに買っており、現在は5戸（そのうちひとつは新築用地）を所有しています。自己資金600万円＋ローン1300万円です。

さて、速水さんはいくつか失敗をしています。

しかし、本人はまったく心折れていないので、本書でいう失敗認定ではないのですが、いかにも初心者がハマりそうな失敗をしているので、ぜひ紹介したいと思いました。

●速水さん購入物件一覧

①大阪府Y市　木造戸建て　200万円　リフォーム＆DIY並行中
②大阪府H市　木造テラス　140万円　リフォーム＆DIY済　募集中
③大阪府M市　木造戸建て　400万円　新築用地　プラン中
④神奈川県Y市　木造戸建て　280万円　崩れ中
⑤大阪府H市　木造テラス　100万円　そのまま貸し出そうかな？

リフォームでの失敗は、教科書通りにやりすぎたため起こりました。

「タウンページに出ている大阪府Y市の工務店へ片っ端から電話して、見積もりを取りまくりました。そのうちの1店が割と安く、100万円くらいでした。人工《にんく》（職人の1日あたりの日当）であればより安くなるので、『一人工で1万円どうですか？』とメールしたところ、『できません！』という厳しい一言メールの返事が返ってきました」

と速水さんは言います。

そのもらった見積もりを僕が見たところ、かなり安かったです。せっかくの良心的な見積もりなのに、叩きすぎて業者さんを怒らせてしまいました。

たとえば、クロスにしても貼りやすい壁もあれば、壁自体を変えなければ貼れない部分もあります。それを数字だけを見て値切っても、相手には何らメリットはありません。ましてや、これまで付き合いもないのですから、無理な要望に応える義理もありません。

速水さんは理想の最安値を求めていました。それは机上の空論です。

こうして安い業者さんから逃げられるのは「初心者あるある」ではありますが、とてももったいない話です。

「その後、小嶌さんから紹介してもらった業者さんにお願いしてみると、見積もりは同じような感じでした。結局のところ、今の相場を知るしかないのです。その中でどう安く修繕するか検討するしかありません。そして、強く感じたのは著名投資家さんの本のエピソードを鵜呑みにして

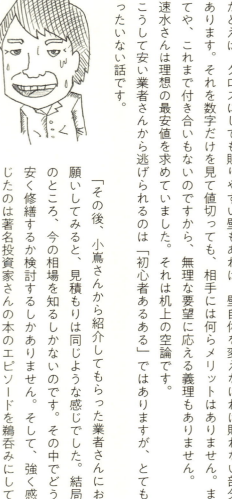

はいけないということです」

と反省しています。たしかにリフォームを安く仕上げるためのコツはいくつかあります。たとえば僕は繁忙期を避けて、仲の良い職人さんに直接依頼しています。それ以外には、大規模な大家さんなら常に発注し続けることで値下げも利くでしょう。

結局、速水さんはコストカットをするため、DIYと業者さんへの外注を同時に行うことにしました。そして、常に現場をチェックして職人さんと上手に付き合う道を模索しています。

「週末ともなれば午前10時からDIYばかりしています。基本的に1人で黙々とやっています。作業中は滝のような汗が出て作業用のツナギがプール状態、1日に体重が3キロも減ったことがありました」

ということです。行動力があるのは素晴らしいですが、無理をしすぎないようにしてもらいたいです。

さて、続いての失敗は4棟目の神奈川県Y市の物件です。土地が300㎡あり、路線価は2000万円弱あるという物件です。

「この物件は銀行評価を狙いました。積算の目線がよくなるかなと期待していたのですが、遠隔ということで、どうしていいかわからず放置しているうちに建物が崩れてしまい、もはやリフォームが不可能になりました。スカイどころではなくやばい状態です。立地も山のほうにあり木がすごく生い茂っています」

と速水さん。僕も崩れ落ちそうな物件をよく買っていますが、本当に崩れてしまうとかなり大変なことになります。

もはや建て替えするしかなくなったので、現在はログハウスのキットを建ててもらうプランを考えて大工さんにお願いしているところだそうです。しかし、融資をどうするかが問題です。坂の上にあって融資がつけにくいのです。

このように安いから何とかなるだろうと思って買っても、なんともならない場合もあるのが廃屋戸建てのリスクです。それでも、金額が高くないため、速水さんはそこまでのダメージは受けていません。むしろ元気いっぱいです。

速水さんの予定では、新築と崩れ物件以外は、できれば来月末には修繕して埋めるようです。利回り20％を基準で想定しており、現時点で達成できると考えています。

「廃屋再生の難易度は高いですが、自分で行動する気持ちがあればできると思います。最初のうちはわからないことばかりで不安があっても、その不安要素を因数分解すると、何がわからないのかがわからないから不安なのです。たとえば価格がいくらかかるかわからない。それならば、それを知る努力すればいい。部材の原価を調べてみる。クロスの原価がいくらするのか調べてみると、『こんなに安いんだ！』と驚きます。木材も安いです。立派な柱がビバホームで安く売っていたりしますから」

このように速水さんは人一倍行動力があり努力家です。今後はどんどん伸びていくと思います。

＊　＊　＊

自分なりにベストを尽くそうとし過ぎて失敗につながってしまうのは、不動産投資の初心者にはありがちなことです。

やはり知識だけ先行してしまい、コミュニケーションは一切なしというやり方では、アナログなタイプが多い業者さん、職人さんと付き合うのは難しいかもしれません。

結局のところ、いくらＡＶを見たところで、性の奥義は習得できないのと一緒です。コツコツと実践あるのみです。業者さんに怒られながらも成長していく、これですね！

さて、次の事例は③の客付が難しいケースです。

事例6 寄付の難しい坂上物件で絶賛苦戦中

瀬間ヒロシさん（仮名）

瀬間さんは兵庫県に住む31歳の薬剤師で、調剤薬局に勤務しています。薬剤師というと知的で高属性なイメージがありますが、実際のところどうでしょう。

「仕事が面白くありません。前にいた店舗ではパワハラがひどかったのですが、今の店は平和です。仕事の内容といえば処方薬を棚から下ろすくらいです。ですから激務ではなく超絶ホワイト企業です。ただただ、つまらない毎日を過ごしています」

そういう瀬間さんですが、不動産投資の勉強をはじめた時期は4年前です。お金のセミナーに参加をしたのをきっかけに30万円かけて不動産投資を学んだそうです。

「投資を学んだのは2015年です。その後は不動産投資塾の卒業生と情報交換をするくらいで、あとは本を読んでいました。そして2年前に木下ジャイアンさんのセミナーに3回ほど参加しました。その後、木下さんのメルマガで小嶌さんを知ったのです」

そもそも瀬間さんが、なぜ不動産投資に興味を持ったのかといえば、ラクをしたい気持ちがあったからです。

「もっと自由に使える時間が欲しかったのです。何かしたいと思ったとき、サラリーマンには余裕のある時間とお金がありません。『せっかく自分の人生なのに……何かが違うな』という不満を常に抱いていました。また、このまま働いていても給料は上がらないことは確かです。薬剤師は安定感のある仕事ですが年収は上がらないのです」

こうして不動産投資をはじめたのですが、ネックとなるのは自己資金でした。そこは小嶌式で嫁さんに土下座をして借りることができたそうです（土下座について詳しくは、前作をご覧ください）。

●瀬間さん購入物件一覧

①大阪府H市　木造テラス　252万円　ほったらかしで利回り20%
②兵庫県K市　木造戸建て　100万円　リフォーム&DIY済　募集中
③兵庫県K市　木造戸建て　65万円　リフォーム中　想定利回り30%

1戸目は2017年10月に大阪府H市のテラスを252万円で購入しました。表面利回り20%あります。手間もかからず何もしていません。失敗要素は経験を積めなかったことくらいで、これは投資としては大成功です。

問題は2戸目となる兵庫県K市の100万円の物件です。

2018年2月に買ってリフォームを終えたけれど貸せていません。地域が悪く「やっちゃったな～」というところです。募集条件を聞くとAD（広告料）は3カ月で敷金礼金0。そのことからも客付に苦戦する地域であることが伺えます。

周辺には坂が多く舗装こそされていますが山道にある階段物件です。最寄りの駅はローカル線で、かつバス便です。バスは10分に1本ありますが、駐車場がないため、足の悪い生活保護者や老人が住めません。ともあれ駐車場がネックになっており、5分以上も坂道を歩かなければいけないことも客付が難しい理由の一つです。

安いからといって勢いで戸建てを買ってしまう人も多いです。瀬間さんも「買います！」と手を挙げている人が何人かいる状況で急いでしまいました。

また2月に購入したにもかかわらず、リフォーム業者さんの手配ができず、完全に繁忙期を逃してしまっています。春先はリフォーム業者が混雑しますから、これもよくある小さな失敗です。そうして完成が5月終わりというのも、客付を難しくした理由ではないでしょうか。

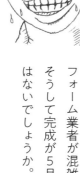

3戸目の兵庫県K市65万円の戸建ての情報は、フラッと立ち寄った不動産業者から入手しました。いわゆる値付け前の物件を格安で買うことができました。

「物件状態はよくありませんが、今まで見てきた200万円以下の中ではだいぶマシなほうです。天井がある！　雨漏りがない！　腐ってない！　壁穴もない！　トイレは交換だけれど風呂はステンレス！　水回りはだいたい全部使える！　といった感じです。ただし狭くて若干違法建築です。裏手に川が流れており、窓を開けるとゴーゴーと濁流音がしました。今はリフォーム中でまもなく完成予定です。そこからDIYをして、募集して9月前には入居が付けられたらいいなと思っています」

この物件に関しては、平坦な場所にあり、ローカル線ですが1駅で大きな駅に着きます。家賃をヒアリングすると4万円〜4万3000円でした。リフォームと取得費用を計算すると想定利回り30％程度です。

＊＊＊

彼のように漠然と勉強ばかり何年もしているケースは、頭でっかちになって買えなくなってしまう人も多いですが、まずそこをクリアしました。

また、もともと不器用でＤＩＹも苦手なタイプといいますから、おそらく仕上がりもそこまでキレイではないでしょう。失敗物件も購入していますが、ゆっくり確実に進んでいます。彼の行動を見ていれば、その意志を感じることができます。

今後は戸建てをもう１～２戸購入して、１棟物件に進んでいきたいと考えているそうです。身の丈にあった投資を進めている印象があります。

事例7 ２年間、戸建てのＤＩＹを続けた男

中出良夫さん（仮名）

続いては失敗から復活した30代の中出くんです。彼は大阪で自営業をしています。不動産投資開始は２０１６年で、大阪府下にテラスを購入して、ずっと１人でＤＩＹしていたそうです。

「知り合いに薦められてボロい空き家を買って１人でコツコツと直してました。ＤＩＹは、１人でやってるとモチベーションが上がらないんです。すごく孤独な作業でもう一生

終わらないのではないかと思っていました」

と中出くん。業者に頼めば速やかにできるし、職種的にそのルートもあるはずです。それなのに、ずっと1人でペンキを塗っていたそうです。すべて自己流で適当に塗ったため、時間をかけたわりに仕上がりはキレイではありません。

これも初心者にありがちなことで、期間を定めず何となくDIYしていると、いつまで経っても終わらないことがあります。リフォーム中は当然のごとく家賃を生みません。これを機会ロスといいます。

僕自身がDIYをしたのは最初の1戸目だけでしたが、自己資金が少ない状況では、歯をくいしばってDIYをやるべきだと思っています。

もちろん、初心者ですから時間がかかるのも仕方ありません。それでも、それが1年以上かかるとなると話は別です。どこかで切り上げて商品化しなくてはいけません。

そのため中出くんのケースは失敗とまではいえませんが、商品化が著しく遅れてしまっているので、小さな失敗といえるでしょう。

結果的には仲間ができて手伝ってもらえてあっという間に完成して、利回り18%貸し出すことができているのですから大成功です。

その後の彼は勢いがついて、去年の秋から、あれよあれよという間に1棟（12室）＋テラス3戸を購入。最近では、客付が難しいと言われる大阪府下の物件の客付にも成功しています！

●中出くんの物件一覧

①大阪府N市　木造テラス　310万円　DIYで利回り18％
②大阪府M市　重量鉄骨造アパート　5000万円　初の1棟物件　満室稼働中　利回り15％
③大阪府D市　木造テラス　65万円　DIYで利回り35％
④大阪府M市　木造テラス　250万円　利回り20％
⑤大阪府O市　木造テラス　320万円（物件150万円＋リフォーム170万円）
大工さんがかっこよくリフォームして利回り25％想定

「DIYしていたら近所のおばちゃんが見にきたので『ここ、住まへん？』って聞いたらOKしてくれました。今住んでいるところよりキレイで家賃も安いというのが決め手です。リフォーム中に入居が決まってホントにラッキーでした！」

そうして物件も増えてかつ高稼働してフローも出るようになってきました。

「先月には市内H区にある築100年のテラスハウスのリフォームが終了しました。10人兄弟の大工さんがかっこよく仕上げてくれました。利回りは25％を想定しています。これで、もうすぐ目標CF月額50万円が達成できます」

と、中出くん。無理な目標を立てたら無理しなくちゃいけない。だから、無理しなくていい小さな目標を立てて、なるべく早く達成する。これは良い考え方です。彼はまた新たな目標を立ててがんばるそうです。

＊＊＊

大きいだけが成功ではありません。
小さいものでも積みあげればきちんとお金を生みます。こうした少額でできる投資は融資を受けなくてもできますから、中出くんのような自営業者でもハードルが低くはじめられるのも特徴です。

意外と再現性のある廃屋「戸建て」再生投資

僕がやっているような激安戸建ての再生はそこまで簡単ではないですが、命を取られるようなことはありません。いろいろな人の失敗を見てきましたが、戸建ての失敗は総じて小さくて、致命傷になることはほとんどないです。

むしろ失敗を経験するチャンスです。このことから不動産投資で最初にやってみるなら、ぜひ戸建て投資をオススメします。

失敗の原因は戸建てそのものにもありますが、戸建ての投資を通して自分の中のアクが出ます。

そこから「自分が不動産投資に向いている・向いていない」ということが判断できるのです。ここで止める人がいたら、それはそれで正解なのです。それが小さい物件で早めにわかったほうがいいと思います。

とりわけ関西であれば、テラスハウスという小さくて安い廃屋と戸建ての間のような物件があるから手を出しやすいです。

もちろん、激安の廃屋が存在するのは関西だけじゃありません。

全国を見渡せば、何かしら見つかります。

どこかの田舎、山奥や海のそばかもしれません。

最初から激安で売られていることはあまりないですが、価格交渉の末に100万円以下で買える物件が何となく転がっていたりするものです。あなたもぜひマイ廃屋を見つけて欲しいと思います。

それが大阪であれば小さいテラスハウスになるけれど、場所によっては100平米のだだっ広い家のケースもあるでしょう。田舎でもニーズがない場所はNGですが、その地域ならではの需要がつかめたらこっちのものです。

僕自身もはじめて関東に「田舎の戸建て」を150万円で買ってみました。雨漏りはありましたが、ちゃんと屋根や壁があって、崩れていなかったので驚きました。

そうやって戸建てで修行を積んでから、1棟物件の再生に進むのも良し、戸建てをたくさん買い集めたい人もいるでしょうし、速水くんのように廃屋が崩れたら新築へ転向しても良いでしょう（再建築不可の場合、崩れたらアウトなので、気をつけてください）。

第4章

「アパート」での失敗パターンと実例

新築アパートは「リスクが少ない」投資なのか

僕は前作のイメージがあるのか、ボロ戸建てばかりを所有しているように思われることが多いのですが、実際にはアパートも複数所有しています。

僕のアパートですから、当然のごとく築古のボロアパートで、半分崩れ落ちたようなアパートもあります（もちろん崩れたまま貸すわけでなく、ちゃんと再生します）。

第3章は「アパートの失敗」がテーマですが、ここではあえて新築アパートを取り上げたいと思います。


正直いって新築アパートは僕にとって未知の世界です。うまくできる手ごたえなんて、まったくないのですが、世間的には新築アパートが流行っています。

その理由は、融資が引き締まってきた中でも、比較的に長期融資が出やすいということ。

また新築アパートは競争力があり入居付けが難しくないということ。

さらに当たり前ではありますが、新築はあらゆるものが新品ですから、早々には壊れません。つまり当分は大きな修繕費用がかからないですし、建物の躯体や設備なんかも保証期間があるので安心感があるというわけです。

くわえて言えば、何年か持って売却を検討したときも、築浅物件であれば「買いたい！」という人も多いです。新築なら10年所有したところで築10年ですから、僕のボロアパートを売却するときよりは、よっぽど売りやすいでしょう。

その代わり利回りはたいして出ませんし、よっぽど市況が良くならなければ大きな売却益が出る可能性も少ないです。

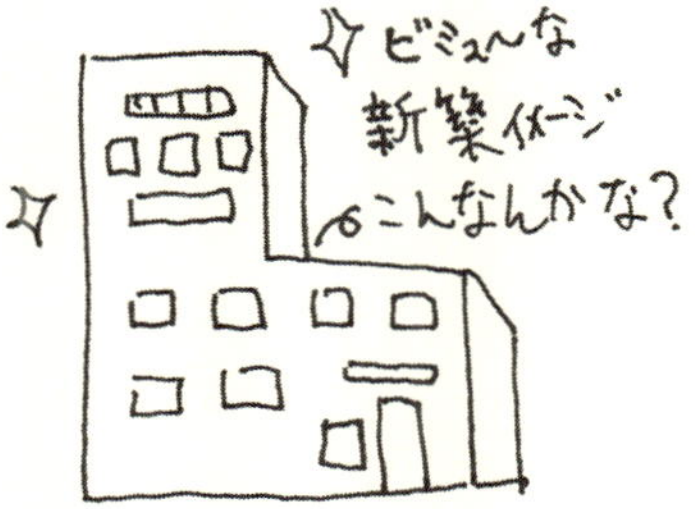

つまり、ドカンと大きく儲かる要素は少ないですが、大きく失敗する要素も少ない……いわゆるローリスク・ローリターンの投資というわけです。

こんな安全そうな投資にどんな失敗があるのでしょうか？

事例8 竣工時に市況が激変して想定家賃が下落!!

丸亀晴明さん(仮名)

神奈川県在住の丸亀さんは10年目のキャリアを迎える40代の事業家大家さんです。サラリーマンは卒業済みですが、自身の事業と大家業の2本柱があります。

「自分自身の人生における居場所をつくりたくてサラリーマンを辞めて、ライフワークに多くの時間を割く環境を整備することを前提に不動産投資をスタートしました。退職といってても仕事をしないわけではなくて、ライフワークに邁進するために大家業をやりたかったのです」

と言います。不動産投資を選んだ理由は金融機関出身で、不動産に深くかかわっていて馴染みがあったから。また経営コンサルタントとして事業経営についても知っていたから。さらに人事の専門家でもあったので、遠隔地方に満室チームを育てて運営していくためのノウハウを備えていたからだそうです。

そうして現在、10棟70室＋戸建て1戸を所有、家賃収入は満室想定で4300万円程度と、充分に実力も経験値もあります。

これまでは中古再生物件を中心に物件種別にこだわらず、順調に高利回り物件を買い進めていたそうですが、今回の新築は土地から仕込んでいます。

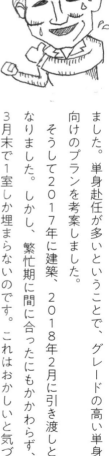

「もともと投資基準に合えばどこでも買うわけでなく北海道、神奈川県、香川県などエリアはバラバラですが、主に経営コンサルティングで構築できた人間関係を基準に買っていました。今回は縁のある地域の駅徒歩３分に新築用地を割安で購入できたことがきっかけです」

土地を購入したのは２０１６年、そこから既存の建物（ＲＣ造）を解体して、木造のアパートを新築することにしました。

「駅から近いため、大手企業の転勤族の社宅としてのニーズがある、と仲介店さんのヒアリングから情報を得たため、そこをメインターゲットとしました。単身赴任が多いということで、グレードの高い単身向けのプランを考案しました。

そうして２０１７年に建築、２０１８年２月に引き渡しとなりました。しかし、繁忙期に間に合ったにもかかわらず、３月末で１室しか埋まらないのです。これはおかしいと気づきました。結局のところ、賃料設定と広告料の見誤りがあったのです」

と丸亀さん。どういうことかといえば、計画をしていた2年前と実際の募集時では需給バランスに変化が起こっていたのです。

近隣にメーカーアパートが建ち並んでおり、競争が激化して家賃が下落、広告料も上がっていたということ。そうした状況を関東に住む、丸亀さんが把握できていなかったのです。

状況を把握したときは繁忙期が終わるタイミングで時すでにおそし。広告料も当初1カ月と聞いていたのですが、某アパートメーカーは3カ月もつけていたそうです。

●丸亀さんの新築アパートの概要

香川県M駅徒歩3分　木造アパート　2億2000万円

部屋数　2棟20室

家賃　月128万円（満室想定）

ローン返済　月80万円　利回り6・9%

ピンチに立たされた丸亀さんは、すみやかにヒアリングを行い、社宅需要のほかに、地元アッパー層をとりこめる賃料に下げたところ4月中旬～下旬に5室が入居決定。7月末現在の空室ははあと2室となりました。

「家賃の見直しから周知する期間を考えると10日程度で5室が決まっているので、この調子でいけば満室は難しくないでしょう。ただし損失は少なくありません。

家賃相場が1万円下がり20室12カ月で240万円。10年間で考えれば通算2400万円の収入減です。また客付が3カ月遅れて300万円の機会ロス。広告料の追加で100万円。また大手アパートメーカーに合わせて、無料インターネットを追加をしたのでさらに100万円かかり、トータルで約3000万円の損失です」

結構な金額ではありますが、彼は地方の高利回りアパートを複数満室に近い状態で運営しているので、この失敗で倒れることはないでしょう。

この書籍での失敗の定義は「心が折れるとき」としましたが、丸亀さんは「失敗とは、短期的にうまくいかなかったこと」と言います。

たしかに短期的にうまくいかなくてもトータルでプラスに持っていって、長く事業が続くのであれば、それは失敗ではありません。

丸亀さんはある程度の投資規模があり経験もあります。状況を冷静に捉えられているし、次の打つ手もすでに答えを持っていますが、もし人が違えば、致命傷になったわけです。

丸亀さんのほかの物件の話をすれば、任売（任意売却・ローン返済できなくなった場合、売却後も債務が残ってしまう不動産を金融機関の合意を得て売却する方法）で購入した再生物件を売却する予定で、売却益が約１０００万円出るため、今期５００万円の新築の損を消すことができます。そう考えると、上手く行くことも、そうでないことも起こりうる、それが事業です。

＊＊＊

施工中に大手メーカーがたくさん物件を供給したことで近隣の家賃相場が崩れるというのは、日本中どこでもありそうな出来事です。新築は完成するまでに時を要しますから、僕からするとやはり不確定要素が怖いようにも感じます。

やはりリスクをとるときに、飲み込めるかどうかで自分の受け入れ態勢を整えておくしかないのではないでしょうか。

事例9 客付が厳しく新築なのに半年以上も空室が続く

鹿野木村さん（仮名）

大阪在住で40代半ばの鹿野さんはプロです。どういうことかといえば、ビル管理関係の不動産屋さんに勤めているのです。

藤山勇司さんの『サラリーマンでも「大家さん」になれる46の秘訣』（実業之日本社）を読んで、競売（ローン返済が困難となった債務者が担保にした不動産などを、裁判所の管理下で強制的に売却する手続き）で10年ほど前に不動産投資をスタートさせています。そして、これまでに区分マンションや戸建てを中心に売買の経験があります。

1棟物件としては、山口県で昭和50年築の木造アパート（16室）をリフォームしています。本当は大阪で不動産投資をやりたかったのですが、これといった物件がなかったようです。

その後、2016年に大阪府O市内で新築アパートを買いました。その物件を買うときに民泊をやろうと考えて、自分で運営をしようといろいろ調べていました。そうこうしているうちに、すでに民泊は飽和状態になってしまったのです。

「今更どうなんだろうというタイミングだったので、普通のアパートとして貸したんです。すると水商売中心でマナーが悪かったり、夜逃げをしたりと入居者属性がいまいちです。そして部屋が２つ空いた状態でなかなか埋まりません。

なぜ新築なのに入居者属性が悪く部屋が埋まらないのか。それは、主要駅から徒歩圏内で立地は決して悪くないにもかかわらず、いわゆる『治安があまり良いとはいえない地域』で客付が難しい場所だったのです。それだけ土地は安いのですが、どうしたものかと悩んでました」

と鹿野さん。半年くらい埋まらず、お荷物物件になってきていました。

●鹿野さんの新築アパートの概要

大阪府○市　Ｔ駅徒歩10分　木造アパート　６９８０万円

部屋数　６室

家賃　月47・４万円（当初）

ローン返済　月23万円　利回り８・14％→利回り９・18％

この地域の家賃相場は安いですし、広告料は２カ月以上かかるし思った以上にまわらな

い……そんな感じで当てが外れた鹿野さん。

鹿野さんの窮状を聞いた僕が、民泊の専門家である新山彰二さんにつなげて、相談に乗ってもらうことにしました。

新山さんは生まれも育ちも北海道なのに、大阪で特区民泊のコンサルタントをしています。不動産投資の自己資金をつくるため物販の副業をはじめたところ、そちらで成功して会社をリタイヤした異色の経歴があります。

「民泊というのはインターネットでモノを売ることによく似ており、物件力ではなくて『魅せ方』がポイントです。そのため不動産投資家だけでなく、物販からの参入も多いのです。自分はどちらも知っていることが強みです」

と新山さん。転貸民泊で件数を増やしていき、今では特区民泊を中心に合法民泊を行ったり、合法民泊をはじめるためのサポートをしています。『特区民泊で成功する！ 民泊のはじめ方』（秀和システム）という初心者にもわかりやすい書籍も出版しています。

「鹿野さんとお会いしたのは昨年の11月です。物件の住所を聞くと、民泊ができそうなエリアで間取りも民泊向きです。そこで現地を確認して、調査をしたところ特区民泊が可能なことがわかりました。こうなると消防設備の工事をどこまでやるのかがポイントです。今後を考えて、全部の部屋をやるのか、空室だけなのか、それでコストが変わります」

と新山さん。鹿野さんは全室工事を行う決断をしました。

「だいたい100万円くらいかかりました。相談をした1カ月後、12月には工事も終わって、翌1月には1室埋まりました。今は満室です」

と鹿野さん。家賃は部屋によって若干違うようですが、一例をあげると7万5000円
↓

10万8000円と、すごい上がり方です。

「正直、ここまで家賃が上がるのは珍しいです。というのも1LDK41㎡という民泊に最適の間取りだったんです。これが25㎡〜30㎡だとそこまで上げられません」

と、新山さん。なんでも普通賃貸の家賃と、民泊にしたときの売上にギャップがあるほど、民泊に向いている物件といいます。

「私が物件を買ったエリアは、普通の人からすると魅力がなく、入居者属性はいまいちですが、それが外国人旅行客からすると観光の利便性が非常に良い立地だそうです。その立地と物件タイプがちょうど特区民泊に最適だったようで本当にラッキーでした」

と、心折れかけていた鹿野さんも喜んでいます。

＊＊＊

家賃が大きく上がり、利回りも8・14％から9・18％にアップしました。これだけ付加価値のついた物件であれば、何年か所有した後に売却することも容易でしょう。

ここで補足をすれば特区民泊の届出というのは、そこまで簡単ではありません。立地の条件をクリアすること、さらに消防設備工事が必要です。そのほか事前に住民説明会を開く必要があります。

鹿野さんはスピードをもって動き、その結果も早く出ましたが、それは彼の決断力と新山さんというプロのサポートがついたことが大きかったと思います。一度は失敗をして心折れたのですが、その後に仲間の協力を得て復活したケースです。

事例10 隣地の住民に悩まされシコッた新築アパート

喪倉多々希さん（仮名）

新築アパートは40代ばかりが続きますが、喪倉さんも40代です。

東京在住でスマホのアプリ会社の役員をしています。ゲームアプリを徹夜でつくって、その息抜きでゲームするような根っからのゲーム好きです。

都内中心に新築投資を進めており、これまで数棟を手掛けています。すでに売却済みの物件もあり、現在は港区にある重量鉄骨造マンション、それから中野区に土地だけ仕込んであります。

●喪倉さんの物件一覧

①東京都港区　重量鉄骨造マンション　土地＋建物　８６００万円　利回り７・９％

②東京都中野区　木造戸建て　土地３２８０万円　新築用地　シコり中

つい最近、竣工したのはＪＲ山手線の駅から徒歩圏の重量鉄骨マンションです。工期が伸びて今年の春の繁忙期を逃したものの、完成してすぐに満室となりました。

「今回は初めて重鉄を建てたのですが、建物の形状から鉄骨量が増えて建設費は１５００万円もアップしてしまいました。これならＲＣにすればよかったと後悔しました。この土地は借地権で４年前から自宅にしようと仕込んでいたのですが、『近所にスーパーがない！』と奥さんからＮＧが出たので投資物件を建てることにしたのです」

と、喪倉さん。元々のプランで狭小でつくると利回り９・３％ですが、場所がいいので長期保有しようと思い、欲張らないプランにしたら利回り７・９％となったそうです。

そんなやり手の喪倉さんも、不動産投資は失敗からスタートしました。

「はじめようとした動機は将来の不安からです。ゲームづくりは楽しいけれど、ソフト屋は２年先が見えません。それに比べて不動産投資は収益が安定しています。人口が減るといっても、すぐに人がまったくいなくなることはないでしょうし」

そう思って２０１０年に東京都中野区に再建築不可の二世帯住宅を購入しました。再建築不可といえば僕にもお馴染みですが、利回り９・２％で買ってしまったのです。中

野区は悪くはない場所と聞きますが、再建築できないと考えると低利回りです。僕なら最低20％は欲しいところです。

また喪倉さんがスゴイのは、この再建築不可物件に融資を引いていることです。

そもそも再建築不可を評価する金融機関は少ないですし、タイミング的にリーマンショック後ですから、本来であれば融資は付けにくい時期です。さすが経営者です。とはいえ、その内容は過酷なものでした。融資期間が10年で返済比率が96％だったそうです。

「とにかく手元にお金が残らなかったです。キャッシュフローは月々２０００円で、年間の固定資産税２万円を払うとほとんど残らないのです」

そんな儲からない不動産投資をはじめていたにもかかわらず、２０１４年に都内で新築投資を行っている先輩大家さんに出会って以来、土地からプランニングする新築投資を行っています。たくましいですね！

そして問題のシコりアパート用地もまた中野区にあります。

「今年の１月に新宿から地下鉄で２つ目にある某駅から徒歩13分にある旗竿地を購入しました。旗竿部分に隣地が越境しており、建て直しができません。そのため周辺相場が坪２００万円前後の地域で坪70万円弱で買えています。一応、隣地購入の承認はあるのですが前に進みません」

新築用地に建つ戸建ては廃屋です。

越境しているお隣さんも窓が割れて壁が崩れているため廃屋に見えます。しかし、しっかりと人が住んでいて立ち退いてくれないという困った話なのです。

「お隣のお宅は築50年以上経過しています。住んでいるのは老夫婦2人と40代未婚のお嬢様2人。50年間以上他人の敷地の上に住んでいる大変肝の太いご家族です。ご主人は売りたい、奥さんとお嬢さんは売りたくない……のせめぎ合いです」

こんなシコッた状況ですでに9カ月が経過。とにかく円満に売却をしてもらうべく、良好な関係を築くためのコミュニケーションは欠かせないそうです。

「機嫌よく挨拶したりプレゼントしたり、完全に下僕のように尽くしています。今は『土地を売るのに引っ越し先を探して欲しい』と言われているので、不動産仲介のごとく手頃な転居先（戸建て）のマイソク（物件のチラシ）を週二回郵送してます」

と喪倉さん。なかなか前途多難です。しかし、彼もまた失敗を失敗とも思っていないツワモノです。今回紹介したシコッたアパート（現在、廃屋）もきっと何とかなるでしょう。

＊＊＊

喪倉さんは淡々とトライ&エラーを繰り返しています。

根っからモノづくりが好きなタイプなのでしょう。つくるモノは違いますが、僕と同じ匂いを感じます。新築への知識が深く、難しい不動産投資を行っているにもかかわらず、上からものをいう感じもありません。

おそらく日進月歩な環境で生き抜いてる彼からすれば、不動産投資の世界はゆっくりしているのではないでしょうか。当たり前のように失敗すれば、成功もあるというのを繰り返し、そこに僕は学びがあると考えます。


また、やはり実業をしている人だけあって着実に融資をつけています。

いわゆる高属性サラリーマンのように「メガバンクで金利0・5%で引きました!」ということはないのですが、皆が使っていないような地場の金融機関を味方につけています。

1棟目の返済比率96%はシャレになりませんが、その辺は自営業者らしく多少粗くても前進する……確実に稼ぎ出せる人の考え方です。

そんな喪倉さんがどうして僕の仲間になってくれたのかといえば、新築用地を仕込むと大抵その上には廃屋が建っているそうです。廃屋をつぶして新築を建てる……いわば輪廻です。そこで廃屋にもっと強くなるために、僕に興味を持ってくれたそうです。

新築のケースばかりが続いてしまったので、最後に僕も得意とするボロアパートの事例を紹介します。

事例11

11平米3点ユニットのとんでもない狭小アパート

一噛瑛士さん（仮名）

一噛さんは兵庫県在住のサラリーマンで年齢は40代後半です。勤続30年で属性が良いため、悪い業者からカモにされるタイプです。失敗パターンとしてはよくある感じで、1戸目に新築区分マンションを買っています。

「２０１６年10月に新築マンションの社長と知り合って大阪のワンルーム区分マンションを買いました。利回り３％後半でキャッシュフローは月々マイナス３０００円という残念な投資です」

と一噺さん。その後、利回り7％程度の築古区分マンションを買い足して2戸でプラマイゼロとなったものの、「これじゃいかん！」と一念発起しました。

そして、昨年の11月にボロ戸建てとボロアパートをローンで購入しました。戸建ては3カ月DIYをして、相場4万5000円のところ6万3000円で貸すことに成功しています。

●一噺さんの物件一覧

①大阪府O市　RC造マンション（区分）　1740万円　利回り約3％
②大阪府O市　RC造マンション（区分）　730万円　利回り約7％
③兵庫県T市　木造戸建て　420万円　DIYで利回り18％
④大阪府T市　重量鉄骨アパート　930万円　DIYしながら客付中　想定利回り16～18％

「そもそも自分はDIYの経験はまったくありません。ただ、『俺ならできる！』という根拠のない自信があって、自分を信じただけです。今、T市の物件を必死でDIY中です。土日はフルで作業しているんで妻から愛想をつかされています」

これは、すごく大切なマインドで「なんとかなる」ってがんばれば、なんとかなるものです。そうして一噛さんはT市のアパートに次のようなリフォームを行いました。

・外階段塗装（DIY済）
・屋上防水（DIY済）
・空室のクロス貼り（DIY済）
・高速インターネット敷設（通信会社が無料で）
・分電盤の増強（業者・ゲームのため！）
・正面外壁塗装（業者）
・1階の事務所をバイクガレージとして改造（DIY中）

DIY、業者分併せてリフォーム予算は200万円です。仕上げ中なのでまだわからないですが、満室想定で賃料を低く見積もって利回り16％、理想の賃料だと18％が目標です。T市といえば、6月の西日本地震の震源地ですが、被害はほどんとなかったそうで良かったです。

ちなみに一噛さんのT市のアパートは安く買えてはいますが、なかなかの難関物件です。「買ったときは4室中3室空き。25000円で入居者のつかない11平米の超狭小アパートで、売主さんも埋めることをあきらめていたようです。そこで僕はコンセプトを打ち出すことにしました。『ゲーマーの秘密基地』ってことにしてゲーム好きを集めようと思ったんです」

そんなふうに決めてDIYと並行して、客付で動いたところ3万円で申込みが入ったそうです。あと空室は2室です。

＊＊＊

一噛さんの事例はまだまだ成功とはいえませんが意欲的に行動しています。

もしかして想定していた賃料では客付は難しいかもしれません。しかし安く買えていますから、最終的には何とかできる規模の物件といえます。

くわえて、ボロアパートを自分の手で再生して、客付を行った経験はこれから彼が投資をしていくうえで大きな武器となることでしょう。

一噛さんは出会ったころ「とりあえず投資規模50億円を目指します！」と言っていまし

たが、今はそのようなスタンスではありません。

「まずは小さい物件をコツコツ増やしていきたいです」と言っています。それは、それでOKではないでしょうか。小さな失敗と成功を積み重ねて強くなっていきましょう!

新築アパートの落とし穴にハマらないように!

新築アパートを持ったことがない僕が偉そうなことはまったく言えませんが、少なくとも「新築アパートだから安全安心!」なんてことはないのが認識できました。

そもそも、戸建てに比べてアパートは、オリジナル要素が作りにくいのです。客付も戸建てに比べて、まぐれもなければ一発大当たりもありません。相場をきちんと把握しても、今後の近隣の家賃下落にも巻き込まれやすいという部分もあります。

僕は小心者なので、あまり物件を長く所有しようとは思っていません。成績が特別に良い物件以外はせいぜい5年までと考えています。

購入時に常に売却を意識しているので、シビアな計算もしないしどんぶりで儲かる物件以外買いません。

そう考えると新築はきちんとまわりの環境をリサーチできる人がするべきです。僕がしている中古再生物件のように、どんぶり的な考え方では取り組めないと思います。

喪倉さんのように新築アパートでも土地を安く仕込んで、知恵を絞ってプランニングして、安いビルダーを使えば相場よりも安く建てることは可能です。

しかし、それは難易度が高く資金力も必要です。かといって簡単に買えるようなアパートメーカーが建てる新築は、割高で物件の競争力もないことが多いです。

そうやって考えると、僕自身は中古アパートのほうが魅力に感じています。

人が住まなくなったハザードエリアで投げ売られているような築古アパートを購入して、地域最安値で賃貸に出して高利回りで運営している人。空室率が異様に高い供給過剰なエリアでも生活保護者をターゲットにして満室稼働させている人。

その地域のニーズをつかんで適正な価格で貸し出せば、住んでくれる人はいるものです。

ただし、その適正な価格がとんでもなく低いエリアもあるわけですから、やはり安く買うことが大切なのです。

安く買うとなれば、どうしても古くてボロくなるわけで、僕のように崩れ落ちたような廃屋アパートを買わないまでも、一噛さんのように「空室率が高い」「物件が荒れている」「とにかく、あちこち壊れている」というような難のある物件を安く仕込んで、再生することになります。

先日仕入れた大阪市内で比較的安値で抑えた土地に、新築アパートのプランを作って入居家賃相場の調査に出してみたところ、近隣にある新築1Kの家賃が共益費込みで5・5万円でした。

一般的な金融機関は新築アパートへ融資を出す姿勢が強いですが、僕のまわりの金融機関は、新築よりも今まで通りシェアハウスか生活保護向けの再生物件の家賃4万円弱に対して、7年~10年のリフォーム融資を勧めてきました。

入居者は天と地ほど違う属性になるけれど、家賃の差額はたった1万円弱……。とても悩ましく思っています。

さらに言えば、最近巷ではその下の2万円台の狭小ワンルームの空室が目立ってきていきます。生活保護よりも下の価格帯に2万円台の家賃がありますが、入居者属性は最下層となることに加え、入退去の出費のダメージも大きいです。2万円の部屋を埋めるために、

10万円のリフォームをしたり、広告料を6万円払ったり。ちょっとした出費でも家賃の何カ月分がかかってしまうのです。

もし、あなたが家賃下落で困っている狭小ワンルームを持っているなら、シェハウスや外国人の相部屋で起死回生に挑戦してほしいと思います。

第5章

「マンション」での失敗パターンと実例

スルガスキームで「出口物件」を買ってしまった人々

本書では金融機関の名前を実名で紹介しています。

第1章で紹介したようにスルガ銀行の入口で失敗した人たちがいる一方で、同じくスルガ銀行を出口として使っていい思いをした人もいます。

細かくいえば2017年の夏ごろまでは融資がよく出ていて、物件を高く売却できました。事実、僕のまわりでも売却で熱くなっていた時期でした。そのような人の出口として受け皿になったのが、これから紹介する1棟マンションで失敗してしまったサラリーマン投資家の皆さんです。

ただ、1棟マンションで失敗した人と「かぼちゃの馬車」で騙された人たちを比べると、まだ不動産投資への理解があるように思えます。

どちらも高属性でいわゆるエリートが多いのですが、スルガスキームで地方の物件を買っているような人たちは、そこそこ不動産投資の勉強をしているタイプが多いようにも思えます。彼らは本を読んで勉強した結果、「レバレッジをかけて投資をしたい」と地方中古1棟マンション投資を選んでいます。

ここでご存知ない人のためにスルガスキームを説明します。このスキームは、スルガ銀行の基準を満たす物件を購入していくことです。

スルガ銀行は審査スピードが早く、買付が殺到するようなときには、いち早く融資をつけることができます。そのためスルガ銀行で借りて、その後に借り換えるようなやり方をする投資家もいました。その場合、スルガ基準であると同時にほかの銀行の評価基準を満たす物件を選定しなくてはいけません。

その後、市況が過熱してくると不動産業者が融資アレンジ付きという形で、はじめからスルガ銀行の融資付きの物件を売るようになってきました。こうした形で自己資金を使うことなく購入するのが、いわゆるスルガスキームの王道です。

その際に「かきあげ」と言われる二重契約書をつくったり、今問題になっている「エビデンス改ざん」（20万円の預金を2000万円に改ざんするなど、資産を多く見せる不正）、「レントロール改ざん」（相場より高い家賃で客付して表向きの利回りを上げる不正）などをしてムリヤリ融資をつけてしまいます。

このような危険な裏技を使ったやり方は、不動産会社の存在なくしては絶対にできないことです。

そうした不動産会社に対して、無知で騙されてしまっているケース、騙されていなくてもどれだけのリスクがあるのかよく理解していなかったケース、むしろ確信犯で自己資金0で物件を購入したいと、あえてスルガスキームを利用するケースもあります。


その後、順調に賃貸経営ができていればいいのですが、強引なスルガスキームで物件を購入して、うまく運営できずに苦しんでいる人が後を絶ちません。

スルガ銀行は今でこそネガティブなイメージを持たれていますが、今から6~7年前のまだ高利回り物件がたくさんあった時代には、金利4・5%であってもCFがちゃんと出ました。

当時は築古木造アパートにも融資をしていましたから、スルガ銀行に助けられた投資家はたくさんいたはずです。年収がスルガ基準を満たしていなかった僕からすると「高嶺の花」銀行でした。

それが市況が過熱して低利回り物件ばかりとなったタイミングで、高金利でハイレバレッジ投資をすれば、失敗率が高まるのは当然でしょう。

購入時には見えていなかったことが、物件を買って冷静になれば、徐々に見えてきます。

スルガスキームで地方物件を買って失敗した人は、自分が取ったリスクが大きすぎたことを冷静に受け止めているようにも思えます。

事例12 スルガスキームで3棟買って沈んだ男

菱谷堅志さん（仮名）

埼玉県在住の菱谷さんもまたスルガ銀行で「出口物件」を買ってしまいました。

彼は40歳そこそこの医療系サラリーマンです。不動産投資をはじめたのは２０１５年のことで最初に買ったのは中古の区分マンションでした。

「なぜ不動産投資をはじめたのかといえば、サラリー以外の副収入を得たいというよくある理由からです。それで業者セミナーに勉強もせず参加して中古区分を買いました。場所は都内の好立地です。CFは2戸合わせて30万円。大きく儲かるものではないですが、すごくマイナスではないという感じです」

と菱谷さん。ここまで利回り計算することもなく、なんとなく買ってしまったそうです。

区分マンションで損を出している人も多いので、プラスだったらいいじゃないかという話ではありますが、税金を加味すると手残りは6万円だったそうです。

「3000万円を超える借金までして、こんな微々たる金額では投資としてどうなのか、買ってから気が付きました。もっと儲かる投資をしたいと思って、そこから1棟物件を意識しはじめました」

それが地獄への入口ということなのですが、この時点ではまだ勉強はしていません。まるでカモがネギをしょったような状態で、2016年に誰もがその名を知るような某有名業者さんの元へ面談に出向きました。

「属性的にはクリアしているし勤続年数も長いので、1棟マンションは買えるという話でした。とはいえ年収からいうとそこまで金融機関は選べません。で、お決まりのスルガ銀行です。とりあえず手金を出さずに買えるという話で、立て続けに3棟買いました」

ふわっとした印象の萎谷さんですが決断力はあります。こうして、あまり儲からない1棟物件を買ってしまいました。重量鉄骨物件はすべて築年数が20年オーバー。3棟合わせても月額のCFが30万円くらいで、とくに④大阪府A市の物件がいまいちだそうです。

●萎谷さんの物件一覧

①東京都品川区　ＲＣ造（中古区分）　１６３０万円　利回り約８％
②東京都渋谷区　ＲＣ造（中古区分）　１６８０万円　利回り約８％
③千葉県Ｃ市　重量鉄骨造マンション　３４３０万円　利回り約11％
④大阪府Ａ市　重量鉄骨造マンション　４４００万円　利回り約10％
⑤大阪府Ｏ市　重量鉄骨造マンション　７２５０万円　利回り約10％

「１・５億円の借金があってＣＦは年額で３６０万円程度ですから赤字ということはないのですが、やはり良いわけではありません。冷静に考えて退去が続いたり、大規模修繕でお金がかかると利益はあっという間に吹き飛んでしまうのではないのか。そう危機感を覚えて、ようやく勉強をしはじめました。そこではじめて自分が『人の出口物件』を買ったことに気が付いたのです」

そう彼が買ったのは「出口物件」。菱谷さんが物件を買ったおかげで、どこかの投資家の利益が確定されました。

じつは菱谷さんが物件を買った２０１６年〜２０１７年の市況からいえば、利回り10％〜11％というのは、そこまで悪くありません。数値的にはもっとヤバい人は世の中にゴロゴロいる

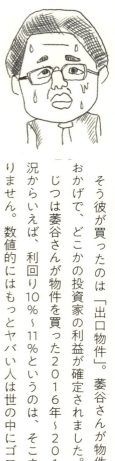

と思います。それでも、この物件を今後高く売ることは難しいです。

菱谷さんは「とりあえず今できることはなにか？」を考えたそうです。その答えは、中古区分マンションを売ってとりあえず現金つくる。そして、収支の悪い大阪府下物件を売却する。幸い中古区分は好立地ですから、売れないことはないはずです。とはいえ、今はタイミングがよくありません。融資がつけば買主も見つけやすいですが、全体的に融資が厳しくて、とくに地方物件を売るのはなかなか大変です。

だから、高く売るどころか値段を下げて売らなくてはいけない……つまり、損切をすることになります。でも、失敗したら損切して手仕舞いするというのは非常に大切です。

実際のところ、失敗する人は自分が失敗している人に気が付いていないことも多いです。でも菱谷さんは気が付いたのです。そして現実を冷静に見つめて、どうしたら前に進むことができるのかを考えているわけです。この状態は失敗ともいえますが、まだあきらめていないからアウトではありません。

＊　＊　＊

彼が失敗した原因は、全く勉強なしで不動産投資を始めたことです。その結果、高い勉強代として損切りを選び、今はその準備を進めています。

今だけを切り取ると、「絶賛大失敗中の大家さん！」ですが、おそらくマインドの部分では救われている気がします。それは僕らの仲間であることが大きいと思います。傷を舐め合うのではなく、次に進めるためにはどうすればいいのか、常に考えて皆で知恵を出し合っています。

次に紹介する吉田さんも行き詰まりからどう脱出すればいいのかを考えて、圧倒的な行動力で壁を打ち破ろうとしています。

事例13 セオリーを守って買い進めたはずが行き詰まる

吉田行男さん（仮名）

吉田さんは30代前半のサラリーマンで愛知県に住んでいます。

初めての不動産投資は２０１６年に岐阜県にあるボロ戸建てを２７０万円で購入。夫婦でDIYをして利回りは実質15・6%を達成しました。

ここまで聞くといい感じですが、実際は心身共にボロボロの社畜リーマンだったと言います。彼が20代のころに勤めていた会社は、大企業の子会社で相当なハードワークだったそうです。朝早くから深夜まで連続勤務、東南アジアを相手とする商社ということもありインドネシアやベトナムなどへの出張も多く日々過酷な労働を続けていました。

「心も体もボロボロで家族に辛く当たったり酒に溺れたり今振り返っても最悪です。精神状態がいよいよ限界となり、診断書をもらって残業から解放されるようになったのです」

似たような経験を持つ僕からすれば、その辛さはよく理解できます。しかし、彼のまわりは理解する余裕がなかったのか、会社内で人間関係が悪化。さらには親会社から出向してきた上司のパワハラもひどくなりました。

吉田さんはすでに戸建て投資をはじめていましたが、1棟目の戸建ての購入で貯金を使い切ってしまったため次の物件が買えません。さらには会社での風当たりが強くなり、転職を視野に入れるようになりました。

さて、ここで問題です。サラリーマンが融資を受けて不動産投資をするときに絶対大事なもの、それは「属性」です。この書籍にもすでに何度か出てきました。年収はもちろん、会社の規模や勤続年数なんかも大切です。

「当時勤めていた会社は大企業の子会社ですから、世間一般には名が通っており融資が受けやすいと考えました。また転職をしてしまえば当分は融資が受けられませんから、今のうちに買わなければと焦ってしまったのです」

つまり吉田さんは、キャッシュを使った再生投資から融資を使ったハイレバレッジ投資に方向転換したわけです。ここからが行き詰まりのはじまりです。

なにしろ現金がないのです。会社にだけ依存する人生から脱出するため「1棟物件を買っていこう」そう決意したのに買えません。そこで吉田さんは融資セットで物件を売るような業者から買うことになりました。

そうして買ったのが、愛知県N市にある木造の築浅アパート。ターミナル駅から徒歩10分で立地が良いですが利回りは7・5％です。かばうようですが2016年はちょうど不動産価格がピーク。高値買いをしやすい時期だったと思います。それをオリックス銀行から金利2・5％の融資を受けて買いました。

「今となってはすべてが言い訳ですが、会社を辞めるにあたり、属性のあるうちに買っていこうという焦りがあったのです。そして築浅木造アパートの後、転職にギリギリに間に合わせた形で岐阜県の郊外に重量鉄骨マンションを2棟一括（築14年、築24年）で購入しました」

これがスルガ物件です。買った当初はスピーディに物件が買えたと喜んでいたそうです。

「安易に高金利で物件を買ってしまったのも間違いですが、この物件があるエリアの需給バランスが崩れていることに気付かず買ってしまったのも大間違いでした。インターネットの情報では人口も増えており、客付に苦労しないという見込みだったのですが、まわりを見渡すと同じような物件が大量にあったのです。今でこそ満室になっていますが16室中、４室の空室が半年くらい続きヤバイと思いました」

と吉田さんは言います。なにしろ金利４・５％です。４室が空室でトントン。これ以上1部屋も空室は許されない状況で毎週末物件へ通い、さびていた鉄階段をＤＩＹで塗装したり自販機を置いたり、ステージングをしたり、考えられることはすべて行いました。最終的には管理会社を変えて、まわりがＡＤ1カ月のなかＡＤ３カ月出して埋めました。

こうして、がんばって満室になったところで、吉田さんはふと立ち止まりました。

「借金を2億円弱して1年に3棟買ったのですが、まったく金持ちに近づいていないんですよ。ＣＦは満室で年間３００万円、月にすると25万円。でも今後の大規模修繕を考えると自由になる25万円ではありません」

そして、吉田さんは新たに金を借りることはできず、借換えもままならない、行き詰り状態にハマっていることに気づきました。

「自分は会社生活には不適合だから、そこから自由になりたかったのに、自由どころか身動きがとれません」

そんな吉田さんは行き詰まりから脱出すべく、行動を起こしました。まず、今年の2月に三重県Y市で路線価ベースで200万円、250万円で売られていた戸建てを70万円で買いました。

「土地が50平米で狭いため売れ残っていました。廃屋というほどのボロボロ物件ではありませんが、トイレは汲み取りだし、傾いているしで250万円は高いと思いました。そこで50万円で査定したところ、70万円で差し戻されたのです」

それと同時に2016年に270万円で購入した岐阜県の戸建てを450万円で売却しました。

●吉田さんの物件一覧

①岐阜県G市　木造戸建て　270万円（450万円で売却済）　利回り約15%→13%で売却

②愛知県N市　木造アパート　８１００万円　利回り約7・5％
③岐阜県M市　重量鉄骨マンション２棟一括　９２００万円　利回り約11％
④三重県Y市　木造戸建て　70万円　リフォームなしで入居中　利回り約35％
⑤三重県Y市　木造戸建て　３００万円　リフォームなしで入居中　利回り約21％
⑥三重県Y市　木造戸建て　２６０万円　リフォームなしで入居中　利回り約21％
⑦愛知県T市　木造戸建て　50万円　リフォームなしで入居中　利回り約60％

そこから先は車で全部の路地の売り物件の看板を見て、直接アタックするドミナント戦略で物件を購入しています。

コツは激安で買って、極力リフォームをせずに現状で貸すこと。僕は物件再生が得意ですが、彼の場合はとにかく徹底して物件に手をかけません。

こうして独自のノウハウを見つけて、超高利回り戸建てを買い進めています。さらに今は金利交渉を進めており、うまく進めば1棟物件の収支も大きく改善します。

＊　＊　＊

失敗の多くは「はじめての投資」が多いのですが、吉田さんは戸建て投資で成功しているにもかかわらず、焦って1棟物件に手を出して失敗した珍しいパターンです。

1棟物件は、戸建て投資で基礎を積んだ人間が次のステップとして1棟物件に行くべきという風に考えていたのですが、吉田さんの失敗を知って、その考えはちょっと違うのかなと思い直しました。

吉田さんの場合は戸建てからはじめて、1棟物件というきちんと手順を踏んでいるにもかかわらず、「あかん物件」を買ってしまっています。

とはいえ、それなりにリサーチをしているため、同じスルガスキームで行き詰った人と比べても、数字的にはそこまで悪くありません。ただ客付が難しい埋まりにくい物件です。

前提として1棟物件がダメということではなくて、急いで行ったから手痛い目にあってしまった。会社の仕事がキツイ中で、おそらく「ほしいほしい病」に罹って目が曇ったのもありますが、「現金で戸建て」と「融資で1棟マンション」ではルールが違うということです。

結果的に今は戸建て投資で成功していますが、1棟物件の失敗がなければ、そこまで戸建て投資で利益を出すこともなかったかもしれません。

事例14 1棟目で騙されて5年沈んで復活！

孫子大家さん

孫子大家さんは東京在住の37歳、人材紹介業をしているサラリーマンです。ブログ『孫子大家の不動産投資術』（https://sonshiohya.com/）などで情報発信も行っています（処女作『サラリーマンが副業で最短で年収を超える不動産投資法』が今秋刊行予定）。

元々は、不動産投資家なら誰もが知る某○○パレスに新卒入社。これが絵に描いたような超絶ブラック企業で、毎日午前様で月に休みは2日間だけ。1日100回「死ね」や「屑」と言われる毎日。一時心を病んだのですが、転職に成功して現在に至ります。

「死ねと言われない、そんな当たり前の生活が嬉しく、毎日夜中の12時には帰れることが幸せでした」

という孫子大家さん。劣悪な労働環境に慣れすぎ、幸せの基準が著しく低いようです。社畜時代の僕も激務の合間に15分だけ仮眠して、幸せな気持ちになったことがあるので共感できます。

孫子大家さんの不動産投資開始は、サラリーマンとしてまあまあ成功した2008年。

しかし、100冊以上不動産の本を読んで猛勉強したのが逆に災いしたのか、基準に合う物件が見つかりません。

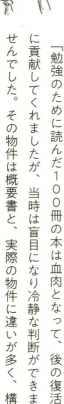

探しはじめて1年が経ち、やっと1棟目を買うことができました。ただし、購入した物件は、ほしいほしい病を患った結果の大失敗物件でした。

●孫子大家さんの1棟目の物件概要

東京都23区K駅　徒歩17分　重量鉄骨造／築20年　1億5500万円
部屋数　10室（ファミリー）　すぐ退去が2室＋店舗（地下＋1F）
家賃　月約97万円　年収1162・5万円
ローン返済　月75万円　利回り7・5％

「勉強のために読んだ100冊の本は血肉となって、後の復活に貢献してくれましたが、当時は盲目になり冷静な判断ができませんでした。その物件は概要書と、実際の物件に違いが多く、構造、駅距離、周辺環境の重要な錯誤がありました。

概要書にはRC造一部鉄骨と記載があり、事前に『RC造ですか？』と質問した時は、『RC造ですね。問題ないです』と説明されたのに、決済の場で急に『RC造ではなく重鉄でした』と言われ動揺しました。

築20年なので、RC造で残存年数27年が、重量鉄骨造では残存年数は14年です。断ろうか検討するも、一年の苦労から自分をムリヤリ説得してしまい、購入したのです。

後日談ですが、駅徒歩13分と聞いていたのに、実際は17分……しかも、満室のはずが買ってすぐに退去です。長い間人が住んでいた形跡のない部屋があり、さらに内覧をしたのが夜中で気づきませんでしたが、昼は隣の工場から騒音で最悪な物件でした」

と、孫子大家さんは言います。さらに、融資は業者提携のスルガ銀行金利4・5％。いくら東京でも、この条件で利回り7・5％の物件を買うのはヤバいですね。

業者の計算ではCFが1年約150万円。でも雨漏りや、退去の原状回復でお金が残りません。2年後にようやく、現実を受け入れテコ入れをしました。

「隣の工場と交渉し費用負担は全額工場側で騒音対策をし、さらに倉庫や自動販売機ですべて収益化し、駐車場をバイク駐車場に変え、物件の入り口だけをキレイにリノベし、あえて90％のお客さんが違和感を抱くけれど、10％位に好かれるリノベで相場より20％以上高く客付を行いました」

全体でみると家賃収入で年間１１６２・5万円↓１４５０万円と大幅アップです。収益性を上げて満室にし、借り換えというカードを手に入れて強気で金利交渉し、４・5％の金利を２・３％に下げました。これで収入が２８８万円増加して、支出が３４１万円減少、合計６２９万円のＣＦ改善です！

「そして長期譲渡（所有して５年を超えると譲渡税は20％になります）となった２０１４年に売却をしました。利益は譲渡税を引いて４５００万円。５年間苦闘した結果です」

と、結果的には勝利を収めた孫子大家さん。

購入時期は東日本大震災の直前でしたので、物件価格は購入後に一度下がり、ベストな時期とは言えませんが、それでも少し市場が良くなったタイミングで売却することにより利益を得ることができました。まさに準備を整えて、チャンスをじっと待ち、逃さずにつかんだ好例です。

その後、彼は売却で増やした現金で、廃屋戸建ての再生から、ボロアパートを爬虫類ショップにリノベして利回り40％、築１０８年11戸の集落を購入。そのほか新築ＲＣ、新築木造で13％弱の物件をつくるなど、幅広い投資手法を操る雑食系投資家として活躍しています。

現在の所有物件は日々変化し、よくわからないと言うのですが、だいたい11棟70室（うち新築が3棟、再生中が3棟）だそうです。投資エリアも一体どこにあるのかわからない地方から都内23区駅近までと幅広いです。

しかもサラリーマンとしての業務もハードで、僕からすると、マルチタスクが行き過ぎ、何をやっているのか理解できません（笑）。投資仲間からは、宇宙人説や、実は孫子大家は3人いる説などが飛び交う謎の人物です。

＊＊＊

吉田さんは2棟目、3棟目と利益の出ない物件を買って失敗を重ねていきましたが、孫子大家さんは1棟目でドツボにハマってしまったケースです。こちらは「ほしいほしい病」に罹って目が曇るどころか、盲目になって業者に騙されています。

結果的には売却をしてうまく利益を出ましたが、このケースは借入れ金額のリスクに対し、入ってくるキャッシュが少なく危険な状態です。このような物件は常に爆弾を抱えているのと同じです。ひとたび空室や修繕が発生すれば、それまで蓄えてきたキャッシュフローも簡単に吹っ飛びます。

事例15 スーパーキャッシュマシンをつくってリカバリー

平《たいらの》のび太さん（仮名）

のび太さんは、大阪在住で大阪の金融機関に勤める34歳。労働環境はホワイトでとくに不満のある生活を送っているわけではありません。

「不動産投資をはじめたきっかけはお客さんの影響です。法人営業をしていて楽しそうで余裕ある経営者は必ず不動産投資をしていました。人生1回きりだし、子供もいます。かつかつよりはゆとりのある暮らしをしたいと思いました。それから本を中心に不動産投資を1年間学びました。そして、キャッシュフローを重視する築古高利回り投資を2年前からスタートさせました」

と、のび太さん。銀行マンだから銀行評価を重視した物件に行くかと思いきや、築古で高利回り路線に進んだところが変わっています。

そして、２０１６年2月、１棟目の重鉄マンションを法人で購入しました。築46年とかなり古いのですが、利回りが12％あり、公庫からフルローンが出ました。融資期間20年、金利１・２％で決して悪い条件ではありません。

ＣＦは満室で20万円ですが、いかんせん築46年で古く手入れのよくない建物で、何かと修繕費がかかります。この費用がバカにならず、ＣＦはだいたい15万円程度といったところです。

その半年後には2棟目を買いました。同じく重鉄マンションで築25年、利回り12％で購入しました。ＳＢＪ銀行で融資期間28年、金利2・775％。オーバーローンで借りることができました。

当時の市況からすれば利回りはいい方ですが、この物件が失敗物件だったのです。生活保護者を入れて家賃をフカしており、退去すれば家賃が下落します。今は利回り10％程度。滞納もあるためＣＦは10万円～11万円といまいちです。

「僕の場合は、スルガ銀行を使っていない分きつくありませんが、耐用年数オーバーで買っているため出口が取りにくい物件です。このリスクを考えていたら、もっと高利回りで買うべきでした。このような物件を買ったことで、次の融資に対して足かせになっていることを感じました」

と、のび太さんは言います。そこで今度は木造を買ってリカバリーする作戦に変更しました。

その後、築29年のワンルーム10室の木造アパートをN県N市にて法人で購入しました。駅から徒歩6分でまわりに大学が複数あり、学生、単身の需要があります。利回りは15％を超えています。

この物件は地元の管理会社からの情報で、地主さんの相続物件でした。

すでにほかの人が手をあげていましたが、地元の地銀で融資が付かず買えなかったそうです。築年数は経っているが立地も良く、三井住友トラストＬ＆Ｆでスピード融資承諾を得られたのが購入の決め手です。

金利３・９％で共同担保を入れて、２３５０万円の物件価格にくわえて、諸費用分ローンまでふくめて２４５０万円の融資を受けられました。このタイミングでＣＦが月18万円～19万円アップしました。

さらに今年の３月には、Ｎ県Ｔ市にて木造アパート２棟一括を購入しました。信金を開拓して購入した物件です。築20年木造アパートで、弁護士の管財人案件を新規訪問の業者から紹介してもらいました。

そしてなんと30年の長期ローンを引くことができました。これは330坪の土地の広さがあり、実勢価格で土地値が7100万円あったためかと思われます。駅から徒歩15分以内、部屋数以上の駐車場を備えたファミリータイプと物件の力も大きかったようです。利回りは13・2％で月のCFは40万円弱です。

●のび太さんの購入物件一覧

①大阪府D市重量鉄骨造マンション（築46年）4880万円利回り約12％
②M県T市重量鉄骨造マンション（築25年）4770万円利回り約12％→10％
③N県N市木造アパート（築29年）2350万円利回り約15％
④N県T市木造アパート2棟一括（築20年）6400万円利回り約13％

彼の特徴は自己資金をほとんど使わずに、オーバーローンを引いているところです。物件価格は6400万円ですが、融資が7100万円とオーバーローンで出ました。これは何か裏技を使ったわけではなく、オフィシャルなオーバーローンです。

「CF改善の理由としては、信金の開拓ができたのが大きかったです。交渉の仕方は、まず担当者と仲良くなりました。自分が金融機関で働いているので準備運動は1年ちょっと前からしていました」

と、のび太さん。具体的に何をしていたのかといえば、積立預金をしたり、歳の近い担当者と仲良くなるように努力していたそうです。

地味ですが金融機関が喜ぶことに積み立て預金があるそうです。のび太さんいわく、個人1口5万円、法人1口10万円などノルマがあるため、何が喜ばれるかは担当に聞いてみるのが一番いいと思います。

「④の物件は築20年で土地値は出ているけれど、耐用年数がない物件は難しいといわれたのですが、その金融機関の貸出金利より高く金利を支払う交渉しました。貸出金利が1・5％だとしたら、『その2倍の3％払うんで通してください！』と交渉したのです。

考え方として融資期間は後から伸ばせないので、目一杯とっておきます。金利は後に交渉できるので、とりあえず長期融資・オーバーローンを狙いました。それから小嶌さんに教えてもらった転貸シェアハウスも1棟運営しています」

こうしてある程度までCFが出るようになったので、今後は積算の資産性と混ぜながら進めていきたいと考えています。

「将来の目標としては、仕事はホワイトなので、がんばって成果を出して支店長くらいまではなりたいです。でも、もし道を外れたら『いつでも辞めてやるぞ！』と思っています。また、ファイナンスには強いので、投資仲間とお互いに補い合いながら、ともに成長していきたいと考えています」

と、のび太さんは言います。僕としても、いつでも相談できる身近に金融マンがいるのは心強いです。

＊　＊　＊

のび太さんは1棟目、2棟目の購入時の投資基準は築古で利回り重視、CF重視。法人でも個人でもとにかく買えるだけ買おうとしていました。そのように収益性を重視したはずなのに、手残りが少なかった……という残念な結果となりました。

一時は、規模拡大に行き詰ったのですが、トータルでカバーしようと考えました。そして、より高収益の物件を狙った結果、しっかりとキャッシュフローが出て蘇ったのです。

こうした買い方は地方高利回り1棟投資の王道です。築古の融資はとにかく難しいのですが、そこを金融マンならではの交渉力で突破しました。

一般的には金融機関開拓は「融資に強い支店に紹介でいく」のが鉄則です。ただ、彼の場合は同業種ということもあり、どうアプローチしたら担当者が喜ぶのか熟知していましたので、自分で切り開くことができたのだと思います。

事例16

空室に苦しんで業者物件から再生物件へシフトチェンジ

壮馬省二さん（仮名）

壮馬さんは40歳そこそこのサラリーマンです。愛知県に住んでいます。

この人はかなりすごくて、不動産投資をはじめたのが２０１７年7月。その後、１年足らずで10棟１２０室を買い進めています。

ここ数年は多法人スキームがありますから、あっという間に物件を増やす人も珍しくありません。壮馬さんは最初こそ属性を使って業者アレンジの物件を購入していますが、３棟目からは物件再生に取り組んでいます。

ボロ再生は僕もしていますが、とにかく時間がかかります。

結果的には高利回りになっても資金が必要です。それを、はじめて1年足らずで猛スピードで行っているわけです。これはとんでもない話です。

そもそも不動産投資をはじめた理由に、これまでの生活から脱出したい思いがあったそうです。

「私は早婚でして20代でマイホームを持ちました。その当時は年収も低くく住宅ローンを抱えた瞬間、生活が苦しくなりました。家族で幸せに暮らすために家を買ったのに、忙しい共働きで家にいる時間が少なくて、これでは本末転倒だと思いました」

と壮馬さんは言います。僕もマイホームを買ったときに一生借金に縛られるんだと絶望的な気持ちになったものです。

その後、壮馬さんは一念発起して転職をしました。

「株や為替の運用といったいわばゼロサムの世界に飛び込みました。結果でいえば、以前よりも多くの年収を稼ぎだせるようになりましたが、私の仕事は誰かが損をしないと収入になりません。1億円以上勝てば、PCの画面の向こうに1億円損する人がいるのです。そして結果が出なかったら3カ月でクビになります。

そんな仕事をしていると子どもに胸をはって言えるのか。そう考えたときに経済的自由を手にしたいと考えたのです。仕事をすぐ辞めたいとは思いませんが、いつでも辞められる状態を目指したかったのです」

そうして辿りついたのが不動産投資です。1年以上みっちりと勉強して不動産を購入しました。

●壮馬さんの1棟目の物の概要

静岡県K市　駅7分　RC造／築25年　2億数千万円

部屋数　24室（ファミリー）　空室が8室ありで半年間埋まらず……苦しむ

家賃　月約200万円（現在）

ローン返済　月100万円　利回り約11%→10%

2017年7月に静岡県K市のRC造マンションを、業者の融資アレンジで買いました。融資はメガバンクから金利1%未満で引いています。

物件は地方とはいえ、駅からも近い好立地でパリッとしています。空室は多かったものの内装はキレイにリフォームされていました。広めのリビングにカウンターキッチン、競争力のあるファミリータイプです。

ただし、彼は田舎の高家賃タイプの物件を甘くてみていました。

なぜかというと、地方の高家賃帯（家賃8万円以上）に住む人は極端にパイが少ないのです。一部上場企業の法人契約、地元の医師などの高属性の入居者の絶対数がいないわけ

です。

そもそも人口数万人の地方では人の移動が少なくなるため、結局は競合物件との奪い合いとなります。彼はそれを知らずに参入してしまったのです。

「利回りは10％以上で金利条件も良く、当時の市況からいえばかなり良い物件を買えたように思っていました。それが、半年経っても空室が埋まらないのです。僕は融資の条件が良かったのでまだ持ちましたが、これが高金利で高い返済比率で借りていたら確実に破綻していたと思います。それくらい空室が埋まらなくて焦りました」

と、壮馬さん。聞けば内装をキレイにしてもステージングをしても、インターネット無料にしても成約に至りません。物件が飽和状態だと、かなりハイレベルな戦いを強いられます。

「決まらない理由は、ある程度わかっていました。高家賃の物件は入居者層がかなり限定されるうえ、家賃的に地方だと新築戸建てが競合となり、『同じ家賃なら新築』という選択になります。その後、徹底的に近隣競合のスペックを自分の物件と比較しました。そしたら家賃が近隣競合より高かったのです」

苦渋の決断でしたが、壮馬さんは家賃を８０００円下げました。というのも、客付業者から「内装は良いけど外観を見ると断られる」との意見も複数あったからです。築26年にもなると、外壁塗装以外にもいろんな場所が築年数相応になります。

これをキレイにするには多額の資金が必要です。そのため近隣競合よりお得感を出すには、家賃を物件価値と同じに設定するしかないと決断したのです。

そして、マイソクを持って繁忙期前に、管理会社と仲介業者をまわり、新しい家賃で募集をしたところ、2カ月で満室になりました。あまりに反響があったので、管理会社から「家賃を安くしすぎました。すみません」と謝られたほどだそうです。

最後の2室は繁忙期もあってかキャンセルで流れたのに、3日後には1室に4件の申込みがあり、最後の1部屋はステージングした結果、法人契約のため、家賃1万円アップの契約となりました。

「空室には明確な理由があります。原因がわかればそれに対処するしかありません。そして、家賃設定の大切さを実感しました。高すぎても安すぎてもダメです！　そのため近隣競合との比較は必須です。自分の物件がどれだけ優れていても、競合がそれ以上だと決まりません」

と壮馬さんは言います。また、業者が商品化したような物件では利益はそう出ないことを悟った彼は、自分の手で物件を商品化すべきだと考え方を改めたそうです。

壮馬さんの1棟目のようにサラリーマン属性を活かしてハイレバレッジをかけている投資家からすれば想定通りに稼働しないということは破綻を意味します。

彼がもしスルガ銀行で買っていたらヤバかったですが、低金利で借りていたのと、努力をして満室にできたのでちょい失敗くらいです。

＊＊＊

その後、壮馬さんは業者アレンジの出口物件を買っていては絶対儲からないことを実感して、先述したような物件再生に取り組んでいます。

それまでお付き合いしていたメガバンクから追加融資を受けず、信金・信組に切り替えて、ワケあり物件・全空物件を紹介してくれる地元の業者を切り開いています。

その後のスピードがすごすぎて、もはや1棟目の失敗はかすんでしまっていますが、彼は「一番苦戦した物件が一番勉強になった物件」と言います。この物件を購入して、空室対策を本気で勉強したからこそ、今の壮馬さんがあるのだと思います。

これはすべての失敗投資家に言えることです。

繰り返しになりますが、すべて順風満帆なんて人は絶対にいません！

一度くらいは失敗して、皆それぞれの方法で復活を果たしているのです。

本書で紹介した人の中には、まだまだ復活できていない人もいますが、とにかくあきらめずに行動することが復活への道筋となります。

規模拡大路線であればマンションはマスト

僕はＲＣ造マンションは少ししか持っていないので、詳しくは言えませんが、木造に比べてとにかくランニングコストがかかります。とくに固都税（固定資産税・都市計画税）などが高いです。何をしても経費がかかるのでガンガン融資を引いて規模を拡大したい人でない限りは、出費がつらいように感じます。

ただし、上手に売却益を出せれば、木造で何年もかけて作った利益なんて一撃で上回ることも可能です。これは見ていてうらやましいですし、僕もたまにはやってみたいと思います。

しかし、逆もしかり。今回のようにしょっぱい買い方をしてしまった人たちは、返済の逆ザヤや売却時の損切りなんかも考えないといけない……。おそろしい話です。

これも慣れだと思うので徐々に規模を増やしていって、成功や失敗を繰り返して進めることができればいいと思います。

僕自身は、今後旧耐震（1981年5月31日までの基準を「旧耐震基準」、同6月1日以降の基準を「新耐震基準」という）の高利回りRC造マンションが続々出てくると思うので、激安耐震工事や給排水管の新設 なども再生的な目線で見ていきたいと考えています。

ハイレバレッジ投資はしてはいけないのか？

第5章は「マンションの失敗」としていますが、大きなテーマとしてはハイレバレッジ投資の失敗です。

戸建てやテラスを1戸つずつ買っていくのはどうしてもスピードが落ちます。もっと早く駆け上がりたいと思えば、融資を使うことになりますが、そこでその人の属性や資産背景によって、使える金融機関が変わるわけです。

何も持たない人からすれば、それはうらやましい反面、カモになってしまう恐れや、自分の目が曇っていれば、あかん物件を買ってしまうリスクもあるわけです。

レバレッジをかけるのが「良い・悪い」ということではなくて、そのような可能性があることは知っておいてください。

また、今の市況のように「融資が厳しい」といわれる時期でも、借りられる人は借りています。たとえ、僕のようにゴミみたいなテラスをコツコツ買うところからスタートしている人間であっても、継続して続けていくことで信用が生まれています。

属性や資産は切符のようなもので、より良い属性や多くの資産は「特

急」や「新幹線」みたいに、あっという間に目的地に連れて行ってくれます。

しかし、ときには乗るべきでない列車に乗ってしまうこともあるのです。

各駅停車と違って、乗り間違えたからといってすぐに戻ってくるわけにはいきません。気が付いたら、とんでもなく目的地からかけ離れたところにいることがあります。

逆に各駅停車の電車にしか乗れない人たちは、とにかく一駅ずつしか進みませんから、失敗しても（乗り間違えても）すぐに乗り換えて戻ってこられます。

1棟物件で主に融資付けに失敗した人、あるいはここ数年の市況の流れに乗せられて失敗した人……この人たちはバカなのではなく、時流に乗ったらそうなってしまったというだけです。とくにハイレバレッジ投資では、戸建て投資での失敗よりも打撃が大きく傷も深いものです。

第6章

あなたが
不動産投資で
失敗しないために

事業に「失敗はつきもの」と考える

本書で紹介したサラリーマン投資家の皆さんのように、収益率の悪い物件、客付の難しい物件を買ってしまったら、まずは空室を埋めることが先決です。

スルガスキームで購入したような物件は、積算評価がありませんから、満室になったら利回りで売却しましょう。

そこでいくらかでもプラスで撤退できたら言うことなしです。

たとえ損する場合でも売却するべきです。なぜなら事業は失敗したとき損切りするものだからです。

やるべきことをやって、結果が損切りだったとしても、それは仕方ありません。

ただし、損切りを決心する前に、自分以外の人間に、何か選択肢がないか聞いてみてください。自分の店のメニューは5品くらいでも、他のお店のメニューはもっとたくさんあるかもしれません。

打つ手をできる限り打って、それでダメだったら損切りして手仕舞いするのが正しい道だと思います。僕自身もそうやって失敗した民泊から撤退しました。

また、一口に損切りと言っても、帳簿上だけの損切りと、実際にお金が出ていってしまう損切りがあります。

どちらにしても損は損です。

マイナスの物件を抱えながら、「儲けろ！」「利益を出せ！」と言われても、無理なものは無理なのです。根性論でどうにかなるものでもありません。やるべきことをやって損切りになるのであれば、それは失敗ではなく、平常運転だととらえるのです。

他の物件がプラスでお金がある人なら損切りもやりやすいですが、はじめて間もない、1棟2棟しかもっていない人が損切りするとなると、出血は避けられません。

それでも、損切れる人は「まだマシ」と思っています。

損切りしたくてもできない人が一番悲惨です。

読者の皆さんに一番伝えたいのは、まだ物件を1棟も持っていないのであれば、必ず「損したときに損切れるレベルではじめる」ということです。

あらゆるビジネスで、100％勝つことなんてないのです。10回やって1回あたればいいほうです。

大企業だって、いろいろな新製品を出して、全部がヒットするわけがありません。

不動産投資で個人投資家のレベルで百戦百勝なんて甘い考えです。

その失敗は気持ちの問題ではないのか

失敗の原因を突き止めていくと、その不動産投資手法の失敗ではなくて、結局は気持ちの問題が大きく左右しているように思えます。

「ほしいほしい病」なんて、その典型ではないでしょうか。

気持ちが焦って、もうとにかく買いたくなる……どうしてそこへ向かって進むのか、それすら単なる思い込みで、失敗でぶち当たる壁も、物理的な壁ではなくて、自分の心の中でつくってしまう壁だったりするのです。

世の中には不動産投資のやり方を書いた本はそれこそ無数にあります。

僕自身も廃屋再生やシェアハウス投資のテクニックを持っていますが、大事なところはやっぱりテクニックではなくて、気持ちの部分が大きいというのが結論です。

本書の失敗の定義は「心が折れること」としましたが、買うことが目的になってしまうと買ったところで気力が切れてしまうことも多いのです。

するとリフォームしなくてはいけないのに、それができない。

空室があるのに、埋めることができない。

しっかり稼働させてナンボの不動産投資なのに、中途半端な状態で投げ出してしまう……これが典型的な心が折れて投げ出してしまうパターンです。

不動産投資をはじめたくても、なかなかスタートできないという悩みも多いですが、物件を買ったものの、どうしていいかわからずシコっている。そんな場合は大抵は気持ちの問題だと思うのです。

「仕事が忙しくて時間がない」「知識が足りない」など、いろんな言い訳がありますが、結局のところ、その人にとって優先順位が低いのではないのでしょうか。

できない理由を探すよりは、どうしたら先に進むことができるのか、そこに注力しなくてはいけません。

うつの人に「がんばって」は言ってはいけないといいますが、心が折れた人にまわりがどれだけ発破をかけてもあまり響きません。こうなると本人の問題なのかなと思います。

失敗を避けるためには「金」を集めろ!

失敗を避けたいのであれば、「金を集めろ!」と言いたいです。

それほど大金でなくても良いのです。

それが自分の場合では50万円でした。そしてもう100万円を借りて150万円をつくったところから不動産投資がスタートしました。

この用意するお金はその人に見合ったものであることが大切です。

僕は150万円で廃屋テラスの再生からスタートしましたが、これがある程度大きな1棟マンションを購入したいのであれば、まずは1000万円を集めてみるのです。

この1000万円は戸建てやテラスを売却してつくってもいいですし、高年収の人は貯金してもいいと思います。

こうやって集めた現金や属性が、不動産投資をはじめるための「入場チケット」になるのです。そのチケットを握りしめ、不動産投資の世界で勝負するのです。

しかし、ここ何年かは融資のハードルが緩かったので、チケットを持っていない人でも、どんどん参戦することができました。

チケットを持たずに参戦すれば、物件の選択肢などありませんし、たとえ買えたとしてもスルガスキームのように「その金融機関が評価する物件」に限定されます。

ここまで読んだ読者の皆さんならもうおわかりだと思いますが、金融機関が評価するからといって、儲かる物件というわけではありません。

おそらく僕のようにトゲだらけの茨の道もあるのですが、それは大変なので進もうとはしない人も多いでしょう。

恐らく読者の皆さんは優等生で、そこそこ何でもデキる人だと思います。

年収も500万円以上はあって、中には700万円以上もらっている人もいるでしょう。

世の中の平均年収が400万円を少し超えるくらいですから、僕に言わせてもらえれば皆さんは普通に勝ち組の人たちです。

だからこそ、丸腰ではなくて、しっかりと現金を握りしめて参戦すべきだと考えます。

もし、現状で属性もない、現金もない……そんな人は、まずは50万円を作ってください。

そして、僕の歩んだ茨の道へ進みましょう！

破産の先には、お花畑が広がっているかもしれない

繰り返し述べているように、どんな成功者だって多かれ少なかれ失敗を経験しています。

それが致命傷か、致命傷じゃないかの違いです。もちろん、レバレッジをかけている人ほど、失敗のときに傷が深くなるのは当然です。

もしそのような人……オーバーローンでフカして物件を買っているような人がこの本を読んでいたら、あなたはリスクを取って投資したわけだから、受けるべきリスクを被った結果であると認識して、そこからできることを考えてください。

不動産投資には強制ロスカットがありません。

だから、なんとなく血を流しながら生きていくこともできます。

しかし、それがよくないと思っています。先述したように真綿でジワジワと首が絞められているのに気付いていない……もしくは気付かないふりをして傷つきながら生きているのです。

ほかにも、今は出血していなくても爆弾を抱えているケースはたくさんあります。多法人スキームで物件を買ってきた人もそうです。

とりあえず買えるからと、儲けの出ない物件も含めて10棟、20棟と買い集めて、そのうち半分以上がダメ物件だったら、残りの物件でカバーするのは難しいでしょう。

ある意味賭けみたいなもので、そういった人の物件が爆発したら強制退場です。とはいえ、強制退場となった結果、自己破産になっても、じつは破産の向こうが地獄とは限りません。もしかして、お花畑なのかもしれないのです。

自己破産をするとお金が借りられませんが、現金で廃屋戸建てを買って、またやり直せばいいのです。たとえ自己破産したとしても、自分が選んだ道が向いていなかっただけのことです。

人生いろいろ、価値観もいろいろ

ここまで失敗についてばかり述べてきました。

本書は失敗をテーマにしているのですが、「失敗の先に何があるのか」について考えてみたいと思います。

サラリーマン投資家たちはどこを目指しているのか、辿り着きたいゴールは何なのか。そう考えた先には、「幸せ」があるのだと思います。

幸せの話に関していえば、前提として多様な価値観があると考えます。

僕は「自分と自分のまわりの人が幸せなのか」ということに行きつきました。つまり、自分の家族を幸せにすることが、自分の幸せだと思っていて、それが最大のゴールだと考えていますが、中には、そこに幸せを感じない人もいるわけです。

高級車に乗ったり高価な時計を手に入れて幸せになる人、世界中を自由気ままに旅をすることを幸せに思う人もいます。人が羨むような美女と付き合うことがもっとも幸せという人もいるでしょう。

それに対して僕は否定はしません。人の価値観というものは様々だからです。

僕がここで伝えたいことは、幸せの終着点が家族だけとは決めつけないで、幸せにはいろんなカタチがあるということを知ってほしいのです。

くわえて言えば、僕自身は手段ではなく「目的」に着目しています。不動産投資やお金持ちや自由ということは手段や目標ではありますが、その先の目的ではありません。

結局、自分はどこに行きたいのか。どうしたいのかがもっとも重要なのです。

これを、さらけ出すことができれば半分成功していると言ってもよいと思います。


人の内面は、損得では計算できない色々な価値観や世界があるので、それを大きな声で言える環境があれば、もっと不動産投資が楽しくなるでしょう。

自分をさらけ出すとまわりもさらけ出してくれるので、すぐに友達ができます。自分のルールや縛りから抜け出して、自分のすべてさらけ出して告白することでラクになれるのです。

心の闇を抱えたサラリーマン投資家

金持ちになるマインド、幸せになるマインドについては語られることが多いですが、闇マインドにフォーカスする人は誰もいません。なぜ急に闇マインドの話を出したのかといえば、僕らの仲間に闇マインドに押しつぶされそうになった男がいるのです。

彼の名前は仮に現実逃杉くんとしましょう。30代そこそこのサラリーマンで「不動産投資をしたい。ＤＩＹに挑戦したい」とやってきました。

その彼には、良くできる嫁さんがいます。

不動産投資とは関係ないところでコンプレックスがあったのです。聞いてみると、自分より嫁さんの方が稼ぎが多いことに劣等感を抱いていました。

現実くんの稼ぎが悪いわけではなくて、嫁さんが優秀すぎるのです。

奥さんの方が年収が高くて、大規模な収益不動産も持っています。共働き夫婦で一緒に子どもを育てているうち、心の中の闇がどんどん膨らんで、いつしか「我が子が愛せない」

と感じるようになったそうです。その話を聞いて、最初はひどいなと思いました。だけど、それってあるよな、とも思いました。

世の中には子どもを憎む親もいます。親が子どもを愛せないパターンにも、いろんなケースがあるといいます。

しかし、大抵は金の問題と教育の問題、育った環境が悪いから自分も同じ行動をするなど、良くない環境が連鎖していくといいます。

貧困すぎて子どもを愛していても手をかけられないような実情もあります。シングルマザーで、もう朝から晩まで働いていて子どもに向き合ってあげられない。ポテトチップスとか菓子パンとかを置いて、お母さんが水商売で働いているケースなんてざらにあるわけで、愛していても、あげられないものがいっぱいあるのです。

現実くんの場合は、貧困家庭ではありません。むしろ裕福な家庭であっても、このような家族の問題があるのです。

このように現実くんは「我が子が愛せない」という深い闇を抱えていました。そして、その闇を仲間たちに包み隠さず打ち明けたのです。

誰一人、否定はしませんでした。じゃあ、どうしたらいいのかを考えたり、あんまり気にするなと声をかけたりしました。

特別に素晴らしい提案が出たわけでもありません。

「別にいいじゃん」「サウナにいって汗をかいたらすっきりするのでは？」というような解決策とも言えないたわいのない話も多く、誰も本気で解決しようなんて思っていなかったですし、それが悪いなんて誰も言っていません。

結局のところ、現実くんは闇を吐き出したところで、自分の家庭を受け入れられるようになったそうです。

おそらく嫁さんからすれば、たくさんのお金を稼ぐダンナさんが欲しかったわけではありません。お金以外のもっと多くの魅力があって、現実くんと結婚したのです。

闇を抱えて思い悩むようなダンナさんだからこそ、その嫁さんが惚れた男なのではないでしょうか。

そして、彼にとっての不動産投資は「居場所」になりました。ＤＩＹで人の物件を手伝って、そのうち自分の戸建ても買うことができました。

「今年の春、北関東某市で戸建てを購入しました。がんばって不動産投資をしている人たちからすると、僕はそこまでがんばっていません。ただひたすら、周りの人たちの手伝いをしていました。小嶌さんは前作で『まずは人に与えよ』と書いていましたが、まさにその通りで、気が付いたら物件情報がもらえて、自分自身が皆から手伝ってもらえる状況になっていました。

260万円で購入したのですが、リフォーム予算140万円でDIYします。既存のブロック塀を壊して駐車場をつくります。それから外壁はプロにおまかせしますが、内装は自分でペンキを塗る予定です。できれば来月中から貸し出せるように準備します。想定家賃で計算すると利回りは15％の予定でしょうか」

と現実くんは言います。彼はコツコツとDIYの手伝いをしながら、抱えていた問題も乗り越えていきました。

「まずは自分の物件に取り組むこと、それから同じ地域で投資をしている仲間の手伝いをしたいと考えています。そして、自分がどうしたいのか。どうしたら居心地がいいかを見つけていきたいと思います」

現実くんの投資では、規模や資産価値は問いません。そうではなく自分の満足だったり、居心地の良さを重視しています。そんな投資があってもいいんじゃないか、僕はそう感じました。

お金を幸せに換金することはできない

僕が思うに、ある程度のことはお金で解決します。でも、お金では解決しない部分もあるのです。

それは人それぞれの価値観がありマインドがある。そこを批判してはダメで、尊重しなくては幸せにはなれません。

彼にとって不動産投資は、お金ではなくて居場所だったのです。

不動産投資の目的はお金を稼ぎ出すことですが、そのお金を幸せに換金することができるかといえば、それは違います。

世の中のすべてが数字だけで割り切れるものではありません。

心にモヤモヤとした闇があれば、それを曝け出して、それが「ある」ということを認めて、乗り越えていけばいいのです。その先にまた新しい「何か」があります。

それが必ず、幸せとは限らないけれど、立ち止まって一人ぼっちで苦しんでいるよりもずっといいです。

その時に不動産投資はどういう位置付けなのか。それは人によって違うでしょう。でも不動産投資にその力があるということは、僕にとってすごく新鮮でした。

不動産投資は僕の人生を変えてくれましたが、現実くんの人生も変えました。

まだ、不動産投資をしていない読者の皆さん。不動産投資には失敗もありますが、あなたの生き方を変えるチャンスなのかもしれません。

本書では失敗ばかりを紹介しましたが、不動産投資にはこのような側面があることもお伝えしたいと思いました。

不動産投資が大好きなのに、家族に反対された男

最後にもう一人、僕の仲間を紹介させてください。彼の名は雄村丈さん（仮名）。第5章で紹介した壮馬さんと同様のトレーダーの仕事を長くしていました。

「外資系金融会社で新卒から働いていまして、今年の2月にリタイヤしました。収入は

高かったのですが、歩合が大きく結果を求められます。職場は常に人の入れ替わりが激しく、いつリストラされてもおかしくないような環境です。ですから、そうした仕事に対するリスクヘッジの意味で不動産投資をはじめました」

と雄村さん。定番の『金持ち父さん貧乏父さん』（筑摩書房）を読んで２０１０年に不動産投資を開始したそうです。

まずは都内に区分マンションを現金で購入。

その後、神奈川県Y市で新築木造アパートを購入しました。こうして1棟物件を3棟買った時点で海外に転勤となり、3年間ストップしていたそうです。

「２０１４年に帰国してからは、サラリーマンをしながら、どんどん買い進めていきました。投資スタイルはとにかく高利回り物件を買います。地方中心で北は北海道から、南は山口県まで。あと何日かしたら大分県が増えます。現在は全部で25棟所有しています」

中古区分マンションから新築アパートを経て、築古再生の道へ進んでいます。

僕も同様で、築古の再生物件ばかり買っていくと融資に行き詰ってしまうのですが、雄村さんの場合は売却を取り混ぜてキャッシュを厚くして、そのキャッシュを評価してもらってフルローンで融資を受けるというやり方をしています。

現役のサラリーマンですから、多忙な日々の中、週末と平日の夕方を使って不動産を買い進めていました。こうした生活を数年続けていますが、家族が徐々に離れていってしまったそうです。

「妻は安定感のない外資系金融を辞めてほしいと言っていました。夫婦とも親が自営業ということもあり、自分で事業をして時間や精神的にゆとりを持った方がいいという考えがありました。そのため、最初は不動産投資を行うことを賛成してくれていたのです。ところが不動産投資が軌道に乗って、ある程度の規模までいったところで反対のスタンスになりました」

と雄村さんは言います。嫁さんから「もうこれ以上、お金はいらない。もう十分お金があるじゃない」と告げられたそうです。

これから不動産投資をはじめようと思って、この書籍を読んでいる人からすると、想像がつきにくいかもしれませんが、不動産投資で成功すると経済的自由を手に入れられます。

そこで、もっともっと規模を拡大するのか。もしくは、無借金にするべくがんばるのか。それとも物件を入れ替えて、資産性を高めたり、築年数を新しくするのか。それと、国内不動産だけでなく海外不動産を購入してリスクヘッジするのか。

ここにもたくさんの選択肢がありますが、雄村さんの場合は、とにかく不動産の再生が好きで買っていきたいと考えていたようです。

そうこうしているうち、かつて応援してくれていた嫁さんは反対のスタンスになりました。家族の幸せのために不動産投資をはじめたのに、不動産投資を否定されてしまったのです。

「賛成していたころは連帯保証人になってくれましたが、反対の方向になってからは拒否されています。会社を辞めた今、不動産投資を続けたい気持ちはあります。しかし、この投資は終わりがありません。ただ増えていくだけですから。そこで、自己満足よりは家族の幸せが大事と考えて、理解を得られるようなやり方をさぐっていくことにしたのです」

こうして雄村さんは、どうしたら家族で幸せになれるのかを考えはじめました。その結果、新しい事業をはじめようと動き出しています。

「社会的に意義のあることをやっていきたい、また夫婦で取り組める事業を考えた結果、保育園事業を夫婦で行うことにしました。不動産投資でもそうでしたが、自分はいきなりアクセルを全開にしません。今回の事業もうまくいけば増やしていくつもりはありますが、まだテナントも抑えきれていないですし、計画段階の7割といった程度です。来年に始動できるように今は準備に奔走しています」

と言います。これが雄村さんの選んだ「幸せのための次の在り方」ということです。

あなたの「幸せ」の終着点は？

不動産投資をはじめるときに、目標設定をしようと言いますが、意外と目標がなかったり夢がなかったりする人もいます。

ムリヤリ目標や夢を持てというのもヘンな話です。

不動産投資家はマジメな人が多いので、とりあえず目標がないと動けないのかもしれません。何かしら高い目標を掲げて、そこに向かってダーって駆け出していくのが得意な人たちです。

そのような人たちはそうやって走ればいい話です。

逆に、現実くんのようにがむしゃらに走るのが苦手な人がいたら、ゆっくりマイペースに進めばいいのです。

ちなみに僕は不動産投資の目標がありません。

それは、なぜかというと、すでに結果を出しているからです。そして、たった今が幸せだからです。時には退屈に感じるほどです。

でも、最近ある人から、目標を教えてやると言われました。それは何かと聞いたら「人に喜んでもらう」ことだと言われました。

自分が今幸せであるのなら、その幸せをどうすれば他の人に分けることができるのか。そこを考えていくのです。

もちろん、自分がお腹を空かせていたら、そのような余裕がありません。でも自分がお腹いっぱいなら、見えてくる景色も変わってきます。

そして、自分の持っているものを分けようという気持ちになるのかもしれません。雄村さんの選択はまさしくそのようなものでした。

僕はまだ、そこまでの域に達していません。でも、お金だけではないところに価値を見い出せたら、満足度は高いのではないでしょうか。僕自身も使いがいのあるお金のかけ方、人生のかけ方。そこを見つけていきたいと考えています。

あとがき

最後までお読みいただき、ありがとうございました！
思ったよりヘビーだったでしょうか。それとも、「こんな失敗なんて、俺もしているよ」と感じましたか？　皆さんの感想を聞いてみたいと思います。

前作では、主に僕自身の投資を中心に、どのように買い進めてきたのか。また、僕の投資手法のノウハウについて書きました。そして、今回はガラッと趣向を変えて、失敗事例ばかり集めた本になっています。僕のキャラに似合わずマジメな部分も多く、初心者からするとちょっと難しい内容もあったかもしれません。

そもそも、僕の主宰する投資クラブ「ＶＩＮＴＡＧＥ　ＣＬＵＢ」は、まったくの他人だった全国の投資家が、僕の仲間になってくれて、めっちゃ嬉しく思いました。

これからどんどん買っていこうとワクワクしている初心者もいれば、これまでの失敗投資でズタボロになった満身創痍のメンバーもいて、僕が知っている以上に不動産投資には、いろんなリスクがあるのだと実感しました。

中には、涙を流して心を痛めてる人もいました。涙を流して感謝されるのは歓迎ですが、僕が見たのは涙を流して苦しむ姿でした。辛いです。しかし、隠すよりマシかなとも思います。

人の心の中までよくわからないけれど、人それぞれにハードルがあります。そして、自分の作ったルールに縛られて苦しい人もいます。

仲間たちには、よくがんばっている人、がむしゃらに動いている人がいる一方で、立ち止まったまま足がすくんでしまって動けなくなっている人もいます。そして、動けない自分に負い目を感じて焦り、歯がゆい自分を責めてしまう人がいるのです。


僕自身、事業の利益を追求することや投資家としての成功だけを望んでいるつもりはありません。第6章で述べたように、「幸せのカタチ」は様々なのです。

どれだけ自由になれるか。どれだけ幸福度を高められるか。そして、楽しく遊べるのか。そこを追求してきたつもりですし、今後もそれは変わりません。

僕が「団体戦をしよう！」と呼び掛けて集まった仲間たちは、不動産の再生はもちろんのこと、再生事業の持つ負の塊をどのように楽しみへ変えて行くか、それを皆で学んで欲しいと考えました。そして、皆の実経験を共有してタフな生き方を学んでほしいと思っています。

僕自身は、本当に幸せだし悩みもありません。もちろん、これまで悩みや引っかかっていることもありました。でも、それらをすべて捨てさったのです。

できるだけ心の中をシンプルにして、不必要なものは削いできましょう。人にとって大切な物事はそんなにも多くないものです。

不動産投資では、「もっともっと」と利益を求めたり、規模の拡大をしたり、際限のない欲望を原動力にして、成功している人たちもいます。それはそれでいいと思います。繰り返しになりますが、大きいことが偉いわけでもないし、たくさん稼ぐのが偉いわけでもありません。そもそも、お金が儲かったからといって、誰もかれもが幸せな日々を送っているとは限りません。

まずは今の生活を振り返ってください。もし、毎日がつらい人がいたら、まずは話せる相手を探して話すところから始めてください。不動産のノウハウは世の中に溢れてるけれど、本当の自由になる方法はどこにも載っていないのです。実際のところ、考え方や心の持ちようなので、そんなの人それぞれですから、誰にもわからないのかもしれません。

ただし、ヒントは沢山あります。金や地位や属性は、道具として強力ですが、僕はやっ

2018年6月、
コスプレ温泉合宿の１コマ

ぱり「自分の心のドまん中に向き合うことが一番大事」だと思っています。

どうか、自分自身を活かしてください。まずは自分の長所や短所を研究しましょう。そして、もっともっと今より明るい未来に向かって進んでいきましょう！

最後に、本書の出版に関わってくださった皆さんにお礼を述べたいと思います。自らの失敗を赤裸々に語ってくれたメンバーの皆、本当にありがとう！皆がいなければ、この本を生まれませんでした。

それから、いつも頼もしい木下たかゆきくん、本書の出版に際してお世話になったぱる出版の瀧口さん、執筆協力いただいた布施さん、今回もなんとか本が完成しました。

そして、ふわふわした僕を支えてくれている妻、成長が早すぎてついていけない可愛い息子たち、親孝行をしたくてもなかなかしてあげられない両親にもありがとうを言いたいです。ありがとう‼

２０１８年８月吉日　スカイの見える廃屋から愛をこめて

小嶌大介

期間限定

本書購入者限定！

「豪華３大特典付き」メールマガジンのご案内

本書をご愛読頂けた方限定で、不動産投資家の「生」の実践事例と、そこから得られる「教訓」について、著者が独自の視点で解説していくメルマガ講座を、以下の「豪華３大特典」と共にプレゼント致します。本書と併せて、ぜひご活用いただければと思います。

★豪華３大特典内容★

特典①：【失敗パターン別】小嶌式・リカバリーノウハウ（PDF）

不動産投資の「失敗」は突き詰めると、ある程度パターンは決まっています。本特典は、投資家が陥りがちな失敗パターンについて、そこからどうやってリカバリーすればいいのか？　という道筋と、失敗から這い上がるためのマインドについて解説したものです。

特典②：小嶌大介の「無料」LINEコンサルティング

本書に登場した投資家のように「自分も派手に失敗してしまった…」あるいは「もしかして自分は失敗しているんじゃないか…？」と疑念をお持ちの方のために、いつでもお悩み相談できる著者のLINE@を紹介します。困っている方は、ぜひ活用してみてください。

特典③：低資金で超高利回り物件を作る「廃屋」不動産投資法、徹底解説！

激安で買えるボロ物件を再生し、超高利回りに仕上げる廃屋不動産投資法について、「資金調達」「リサーチ」「査定」「修繕」「客付け」「売却」のテーマに沿って詳しく解説していく、スペシャル講座をお届けします。本投資法は、融資が締まった今の市況でも取り組みやすく、かつ儲からない物件を買ってしまった場合の有効なキャシュフロー改善法にもなりますので、ぜひトライしてみてください。

以下のURLにアクセスしてご登録いただくか、スマホの場合は右のQRコードを読み取ってサイトにつなげてください。なお、有効期間は２０１９年１２月１日までとさせていただきます。

URL　http://magicod.net/wp/qr/

小嶌 大介（こじま・だいすけ）
通称、デザイナー大家。芸術系大学を卒業後、マス広告業界で約10年間グラフィックデザイナーとして勤務。2010年、脱サラを目指し手持ち50万円から不動産投資に挑戦、デザイナー独自の目線と切り口で築古物件のブランディングし次々と高利回り物件に再生、蘇生するリノベデザイナーとして業界で一目置かれるカリスマ。所有物件15棟120室。平均利回り30％。著書に『50万円の元手を月収50万円に変える不動産投資法』『廃屋から始める不動産投資』（ぱる出版）がある。

HP　http://www.magicod.net/
URL　http://magicod.net/wp/qr/

だから、失敗《しっぱい》する! 不動産投資《ふどうさんとうし》【実録《じつろく》ウラ話《ばなし》】

2018年9月25日　初版発行

著者　小《こ》嶌《じま》大《だい》介《すけ》
発行者　常塚嘉明
発行所　株式会社　ぱる出版

〒160-0011　東京都新宿区若葉1-9-16
03(3353)2835 — 代表　03(3353)2826 — FAX
03(3353)3679 — 編集
振替　東京 00100-3-131586
印刷・製本　中央精版印刷(株)

ISBN978-4-8272-1138-2 C0033